JN023874

もっと知りたい ロシア語

初級から広げ深掘りする

桑野隆

白水社

まえがき

　本書は，ロシア語の初級をひとまず終えた方に向けて書かれています．

　もちろん，「初級」といっても学習書しだいで内容はさまざまですが，ここでは私が著した参考書や教科書でとりあげている内容やレベルを念頭においています．ということは，形容分詞（形動詞）や副分詞（副動詞）は未習であり，習った語数は多くて 600 語程度です．名詞の性や数，格の形態，あるいは動詞の変化なども，ごく基本的なことしか習っていません．

　けれども初級の学習書には，使い方しだいでロシア語の知識をかなりの範囲まで広げ，深めるきっかけがふんだんに盛りこまれています．本書では，私が作成した学習書にふくまれている発音や文法，語彙，表現を改めて確認しながら，そのような事象をとりあげた理由やその周辺のことがらについて述べていくことにします．

　ただし，一般の「中級学習書」のように文法項目を新たに増やしているわけではありません．依然として形容分詞や副分詞は登場しません．初級ロシア語を学んだのを機会に，ロシア語の「深層」をもっと知っていただければと思って書きました．「上」の段階にのぼるというよりも「深み」をのぞくといったところでしょうか．一言語としてのロシア語の特徴をもう少しあきらかにするため，日本語や英語との比較も随所にくわえています．

　おおげさにいえば，初級で学んだロシア語の「意識化」をめざしています．その点では，初級，中級，上級のいずれの段階にあるかに関係なく，ロシア語の理解を深めようとするすべての方に役立つものと思われます．

　またそれと同時に，ロシア語教育にたずさわる方にとっての「教授法入門」的な役割も果たせればと願っております．

著者

目 次

まえがき　3

I　ロシア語との出会い（文字と発音を中心に）　7

II　名詞と動詞　39

V　語　彙　137

I

ロシア語との出会い
（文字と発音を中心に）

1 ❖ 新奇な文字にどう親しむか

「ロシア語はむずかしそうだ」という人に理由をたずねてみますと，多く
の人が文字の新奇さをあげます.

ローマ字や英語を通じて親しんできたラテン文字にくらべれば，たしか
にロシア語の文字（キリル文字）は少々変わっています.

こういった不安にたいして，「ラテン文字ではないにしても，ギリシア文
字には似ている」といった慰めをあたえている教材がありますが，もちろ
ん，それはすでにギリシア文字に親しんでいる人にしか意味はありません.
少しでもショックをやわらげようと，デルタ Δ，シグマ Σ，パイ π などを
あげているケースがありますが，例が少なすぎて，むしろ「やっぱりむず
かしい」という逆効果を招きかねません.

それにまた，（くわしい歴史ははぶきますが）ギリシア文字がもとになっ
ているのは，33 文字からなる現在のロシア語のアルファベットのうちの 6
割弱にすぎません（その多くは前半部分に位置しています）.

やはり，全体としてはロシア語の文字はなじみがうすく，おぼえるのに
多少の努力を要することになります.

では，私たちはこのアルファベットなるものの「なにを」，「いつ」おぼ
えたらよいのでしょうか.

などといいますとひどく大げさな感じになってきますが，一口にアルファ
ベットといっても，そこには

① 文字の数
② 文字の書き方（大文字，小文字，活字体，筆記体）
③ 文字の名称
④ 文字の音価
⑤ 文字の配列順序

といったような 5 つの要素がふくまれています.

このうち①, つまり現在のロシア語のアルファベットを合計 33 文字とみなすのか, あるいは ё の扱いしだいで 32 文字とみなすのかといったようなことは, 初級段階ではまず問題にする必要はありません.

(ロシアで出ている辞書の多くでは, е を「ロシア語アルファベットの 6 番目の文字」, ё を「ロシア語アルファベットの 7 番目の文字」と説明しています. したがって, я は「ロシア語アルファベットの 33 番目の文字」ということになります. ところが, アカデミー版 4 巻本の辞書 (1957–1961) では, 最後のアルファベット я の箇所に「ロシア語アルファベットの 32 番目, 最後の文字」！と記されています. また, 露和辞典などでも ё は独立した項になっておらず е の箇所にふくまれています).

他方, あとの 4 つに関してですが, ③名称と⑤配列順序をさきにかたづけてしまうか, それとも④音価をさきに学ぶか, あるいは③, ④, ⑤を同時におぼえるかといったことになると, 最近の教材での扱いはさまざまです. たとえば何課か進んだのちにアルファベット全体を確認するかたちをとったものとか, アルファベット一覧を最後のページにおいているものさえあります.

これらは, アルファベットの順番や個々の文字の名称をおぼえるよりも, 個々の文字が単語の中でどう発音されるか (音価) を優先しているわけです. д は [デー], о は [オー], м は [エーム] という文字であるとおぼえるよりも, дом は [ドーム dóm]「建物, 家」と発音するということからはいっていきます.

これは, МГУ [エムゲウー]「モスクワ国立大学」のようなタイプの略語をべつにすれば, 文字の名称をそのまま読むケースがまれであることからしても, 一理あります. 私はこの立場をとっています.

けれどもそうはいっても, 辞書を引く楽しみなどを考えると, やはりアルファベットの順番や各文字の名称を早めの段階でマスターしておくにこしたことはありません. では, それらはどのようにしておぼえればよいのでしょうか.

2 ◈ アルファベットをどうおぼえるか

　まず文字の名称に関してですが，л などのように，教材しだいでは名称が［エール él］と［エーリ él'］にわかれている文字も若干あります．л に関しては，私の場合は［エール］をえらんでいます．どちらにするかは，音声学的側面や西欧の諸言語の l との関係などいくつかの背景が関係していますが（ドイツの哲学者 Hegel のロシア語表記は Гегель），全般的には（略語中ではふつう［エール］と発音されることもふくめ），アルファベットの他の文字に合わせて硬子音でおわり，［エール］と呼ぶ傾向にあります．

　ともあれ，文字の名称一般に関していえば，私たちとしては「勇気づけられる」ことに，じつはロシアでのある調査では，ロシア語を母語としている人の場合ですら発音の仕方はさまざまにわかれています．

　たとえば ф を［エーフ éf］ではなく［フェー fé］と発音したり，ш を［シャー ʃá］ではなく［シェー ʃé］とか［シー ʃí］，м を［エーム ém］ではなく［メー mé］とか［ムイー mí］と発音したりもしています．

　このような「逸脱」に私自身がはじめて出くわしたのは，1970 年代にテレビでのロシア語講座の制作を手伝っていたときのことです．アルファベットを読むシーンのリハーサルで，ネイティヴスピーカー（たち）が ч を［チャー ʧá］，ф を［ファー fá］と発音しました．困った私はロシアで出ていた音声教材をもちこんで，なんとか訂正してもらったものです．この場合の「逸脱」は比較的近くに位置する x, ш, щ の影響かもしれません．

　そのくらい文字の名称などは日常生活ではどうでもいいのかもしれないのですが，それはさておき，上記の調査結果でおもしろいのは「まちがい」方です．ф や ш, м の場合にかぎらず，н や p, c の場合にも［ネー né］，［レー ré］，［セー sé］といったような発音が目だっています．

　これは，子音をあらわす文字の名称の多くが б［ベー bé］，в［ヴェー vé］，г［ゲー gé］，д［デー dé］のように「子音＋母音」という構造になっている

ために類推が生じるのか，あるいはまた，そもそもロシア語では「子音＋母音」という音節が優勢なために生じるのかもしれません．

США「アメリカ合衆国」は，文字の名称どおり発音すれば［エス・シャ・アー es-ʃa-á］となるはずですが，じっさいには，ある時期から［セ・シェ・アー se-ʃe-á］と発音されるようになっています（旧ソ連邦をあらわす CCCP もアナウンサーの場合，［エ・セ・セ・セール e-se-se-sér］と読むようです）．

また，たんに「子音＋母音」になっているだけではありません．к を［カー ká］ではなく［ケー ké］と読んだり，х を［ハー xá］ではなく［ヘー xé］と読むケースなどから，「子音＋母音 [e]」型との類推がうかがわれます．

つぎに，アルファベットの順番のおぼえかたですが，これもどうやら名案はなさそうです．たしかに，е のあとに ё，и のあとに й，ш のあとに щ といったように，判別記号のついた文字はすぐあとにつづいています．また，有声子音をあらわす文字 б, в, г, д, ж, з がもっぱら最初にかたまり，無声子音をあらわす文字 с, т, ф, х, ц, ч, ш, щ が中間と終わりにかたまっているといった傾向も見られますが，例外もあります．

さらには，母音をあらわす文字となると，その位置はばらばらです．やはり残念ながら，丸暗記するしかなさそうです（英語の「ABC の歌」を代用している例も見かけられます．もちろん途中で曲がおわってしまうはずなのですが，アレンジして延ばしています）．

最後に頻度についてもふれておきますと，高いのは о, е (ё), а, и, т，低いのは ш, ц, щ, ф, э です．キーボードなどの配列にはこういった点がかなり考慮されています．

3 ❖ 発音練習をどのようにはじめるか

　私が作成した学習書の場合，まずは，母音をあらわす3文字a, o, yと，子音をあらわす12文字：1) п, б, м，2) т, д, н，3) к, г，4) ф, в，5) с, з から練習するようにしています．

　これらを組み合わせて，па, ба, ма のように発音していきます．ただしこの段階では，うしろにくる母音字は a, o, y だけです．

　軟子音（口蓋化音）の発音をまだ習っていないため，子音字＋и はあとまわしにしています．

　また，子音字＋э は頻度がきわめて低いため，はぶいています．

　1) п, б, м，2) т, д, н，3) к, г からはじめているのは，いずれも日本語の発音と（ほぼ）おなじだからです．また，これら3組の並べ方は，日本語にかぎらず，一般に発音が容易な順にしています．

　子音字の各組内のそれぞれの音は，口構え（唇，舌，歯などの位置）がおなじです．

　たとえば，па, ба, ма は，上と下の唇を閉じる（ぱくぱくする）点を共通にしています（両唇音）．ба は「па＋声帯」，ма は「па＋声帯＋鼻腔」になっています．日本語の「ぱ」，「ば」，「ま」の関係とおなじです．

　ちなみに，т, д, н は，英語とちがって舌先が歯茎ではなく門歯の裏にあてられており，また語末の「ッ」のような帯気音は通常伴いません．この点でも日本語に似ています．この二組をおえた段階で，日本語の発音を再確認するのもいいでしょう．

　さて，「各組内のそれぞれの音は，口構え（唇，舌，歯などの位置）がおなじです」といいましたが，4) ф, в，5) с, з も同様です．

　ただし，5) с, з は要注意です．というのも，ロシア語とちがって，日本

語のサ行とザ行の関係は、口構えがちがっています。たとえば「銀座」と発音しようとすると、「さ」のときとちがって、「ざ」は舌先が硬口蓋にあたります。

　一般に日本語の音素に摩擦音が少ないことは、すでに英語学習時に経験したように、/s/ と /š/（例 seat─sheet）等の区別を困難にするだけでなく、有声摩擦音 /z/ をおうおうにして破擦音で代用させる主因となっています。

　ロシア語の場合、ca, за はおなじ口構えで発音します。発音練習の時期をおえると、いつのまにかこのことを忘れて、たとえば зал「広間」を [zál] ではなく [dzál] と発音しがちです。舌が口蓋にあたっています。

　この傾向は、日本語の /z/ が語中では摩擦音として発音されることもある（「もず」[mozu]）が、語頭では破擦音となる（「ざくろ」[dzakuro]）ことを知ることによって、かなり防げるものと思われます。

　ともあれ、ロシア語には摩擦音が（/j/ をふくめて）14 もあり、その習得にはいっそうの努力を要します。

　また、日本語には唇で調音する音が（母音の場合も同様に）あまりありません。音素としては存在する /p/, /w/ も使用頻度はきわめて低いのが実情です。また、/w/ は「ワ」にのみあらわれますが、唇の丸めは英語の場合ほど強くありません。

　唇で調音することに不慣れなため、唇を動かすのに苦労したことは、すでに英語学習時に経験ずみでしょう（たとえば /b/ と /v/ の区別）。

　さらには、考え方によっては、y [u] の発音こそもっとも注意すべきであるともいえます。日本語の /u/ は音声学的には [ɯ] と表記され、唇をほとんど丸めないままに発音されます。この「ウ」は外国語として日本語を学ぶさいにも、逆にひじょうに苦労するかなり特殊な音です。日本語ネイティヴでない場合、日本語をかなり上手に話す人であっても、ウ行がやや「くどい」ことがよくあります。

　唇に関しては、[o] の場合も、ロシア語の方が唇の丸め程度は強いことに注意が必要です。

4 ❖ 母音の発音，アクセント

母音の発音

　発音面で意外と軽視されているのは，日本語の母音の弱化（無声化や脱落）とも関連して，ロシア語の читáть [t͡ʃʲitátʲ]「読む」，кусóк [kusók]「ひと切れ」などのアクセントのない母音を，略して発音しがちなことです．かりにカタカナで書くなら，「チィターチ」でなく「チターチ」，「クッソーク」ではなく「クソーク」といったところでしょうか．

　日本語では，母音「い」「う」が無声子音（カ行音・サ行音・タ行音・ハ行音・パ行音の子音）にはさまれたときや，文の最後にきたときに，「い」「う」の声帯の振動がなくなって，母音が聞こえにくくなることがあります．この現象を「母音の無声化」といいます．たとえば，「下(した)」，「好き」．文末の「〜です」の「す」も母音が無声化するのがふつうです．この特徴が，ロシア語を発音するさいにももちこまれかねません．

アクセント

　アクセントは，ロシア語と英語が「強弱アクセント」であるのにたいして，日本語は「高低アクセント」です．

　他方，3言語とも，アクセント位置が固定していない「自由アクセント」という点では共通しています（これにたいして，チェコ語では最初の音節，ポーランド語では最後から2つ目の音節にアクセントが固定しています）．

　また，日本語では，音の高低が語のかたちを成り立たせており，さらに（一部の無声化現象はべつにして）高い音節でも低い音節でも各母音はほぼおなじ明瞭度をもって発音されます．さらには，おなじ「高低アクセント」の言語である中国語とは異なり，1音節の中で音の高さが変化することはありません．

　一方，ロシア語と英語は「強弱アクセント」であり，この点では英語学

習時の経験が役立つものと思われますが，両言語のあいだには若干の差異もあります（また，ともに自由アクセントとはいえ，英語の場合の「自由度」はロシア語にくらべて低い）．

ロシア語のアクセントのある母音の特徴としては，アクセントのない母音にくらべて，より緊張しており，呼気が強く，ひびきが大きく，さらに長いことがあげられています．ロシア語学習者にとっては，この最後の特徴，すなわち長いことがとくに重要です．

英語の場合には，母音の長短がアクセントに依存して「大きく」変わるということはありません．この点は，ロシア語学習者が留意すべき差異といえます．

そのほか，英語とくらべると，ロシア語には第2アクセントをもつ語がさほど多くは存在しません．

言語学者ヤコブソンは，幼児言語や失語症関係の一連の論文において，人類一般に共通する発音の難易度がある程度まで認められると述べています．それによれば，

1) 言語獲得の第一段階であらわれるのは，母音では舌の位置の低い [a]，子音では唇音の [p] か [m] です．
2) つぎに，破裂音 [p] と鼻音 [m] が区別されるようになり，やがて [p] 対 [t]，[m] 対 [n] のような唇音と歯茎部音の区別ができるようになります．
3) このあと，摩擦音 [s]，さらに破擦音 [ts]，[ʧ] が獲得されます．
4) 有声子音は無声子音よりあとに使われはじめます．
5) 流音の獲得はさらに遅れます．

そういわれてみると，幼い子が「ママ」や「パパ」といちはやくいえるようになったり，「センセー」といえず「テンテー」といったり，6が「ロク」ではなく「ドク」になったりするのも，納得がいきます．

---

5 ◈ ロシア語のひびき

　全体として，ロシア語の発音や聞き取りは多くの人にとって英語ほどむずかしくないと感じられるようです．もちろん，個々の音のなかには発音にかなり訓練を要するものもあります．

　また，「語末の子音の無声化」，「子音の同化」，「母音の弱化」，「アクセント」，「イントネーション」など，英語の場合とは区別して習得すべき点も少なくありません．にもかかわらず，全体としては比較的近づきやすいという感想をよく耳にします．

　これはなぜでしょうか．

　個々の音の発音やひびきはここでははぶくことにして，それ以外の点を考えてみますと，やはりなんといっても大きな理由は，音と文字の対応の仕方にあるといえます．（文字の側から音との関係を見た場合）たいていはすべての文字を発音するようになっています．

　окно「窓」を［オクノー　oknó］ではなく［アクノー　aknó］と発音するような「母音の弱化」という現象があるため，いわゆるローマ字読みとまではいきませんが，すべての文字を発音することは，学習の最初の段階では英語やフランス語などにくらべて相当に楽な印象をあたえるはずです．

　第二には，音節の構造があげられます．日本語の場合には，「つまる音」（「買った」[kat-ta]）と「はねる音」（「神田」[kan-da]）のような特殊音節をべつにすれば，「あ」[a]とか「か」[ka]といったように，音節は母音でおわる「開音節」がふつうです．

　これにたいして，英語では子音でおわる「閉音節」が優勢です．

　この点では，現在のロシア語は両言語の中間にあるといえます．голова́［ガラヴァー　gəlavá］「頭」などのように三音節すべて開音節というわけにはいきませんが，（統計によって多少の差異はあるにせよ）少なくとも50パーセント以上の音節は開音節であるとされています．

また，母音と子音の比率に関しても，英語にくらべてロシア語では母音が占める割合はかなり高く，私たちにはその点でも近しく感じられます．ロシア語の場合，взгляд [vzgl'át]「視線」のように子音の割合がひじょうに高い語は，きわめてまれです．

　以上のような特徴をもう少しこまかく見てみることにしましょう．

　まず子音連続ですが，ロシア語の場合は брат [brát]「兄弟」のように2つの連続が多く見られます．3子音連続はそう多くなく，4つ以上となるとごくまれです．このため，語と語のつなぎ目などにおいても，кóнкурс взрóслых「成人たちのコンクール」のような子音連続は，ひびきからしてなるべくさけるべきであるとされています．

　他方，母音連続ですが，「疑似餌を追い合う魚（うお）」[gizieooiauuo] といった連続がありうる日本語の場合と異なり，ロシア語では3母音の連続となると，もはやきわめてまれであり，радиоýзел「無線通信用施設」のような一部の複合語（радио＋узел）にかぎられています．その関係で，у Тáни и Óли「ターニヤとオーリャのところに」のような語の並びもなるべくさけるべきであるとされています．

　こういった子音や母音の連続にかぎらず，一般に，同一音や類似音をあまりにくりかえすのは発音を困難にしたり，ひびきを悪くするおそれがあるため，注意が必要であるとされています．

　なかでも，「スー音」（с [s]，з [z]）や「シュー音」（ш [ʃ]，ж [ʒ]，щ [ʃʃ]，ч [ʧ]）の集中は，ひびきの点で好ましくないものの代表的な例にあげられています．

　なお，すでに述べたように，ロシア語の語の平均的な長さは2音節や3音節です．これを軽視して1音節の語を繰り返したり，逆に4音節以上の語を並べるのは，日常の文体ではさけるのがふつうです．たとえば Сад был пуст, стар, гол, он был забы́т.「庭は人気がなく，古び，荒涼としていた，それは忘れ去られていた」という文を（意味はさておき）声に出して読んでみると，どんな感じがするでしょうか．太鼓の音のようなリズムにならないでしょうか．

6　❖　Здра́вствуйте!

　Здра́вствуйте! は，ロシア語のあいさつ表現のなかでもっとも代表的なものです．日本語でいう「はじめまして」だけでなく，「おはよう」，「こんにちは」，「こんばんは」にも使えます．

　となれば当然，ロシア語学習のなるべく早い段階，あるいはいちばん最初に習っておいたほうがよいことは，いうまでもありません．というか，会話中心の授業なら，この表現からはじめないわけにはいかないでしょう．

　とはいえ，「ロシア語はむずかしい」との噂を気にする教師からすれば，この表現にふれるのは，少なくとも 1 回目の授業ではさけたいところです．

　「はじめまして」を最初に教えないのはとんでもないといわれそうですが，なにしろ発音がロシア語のほかの表現にくらべてあまりにも例外的です．

　綴りをみますと，出だしの здр，5 文字目からの вств といったように，3 文字以上の子音連続が 2 回も出てきます．こんな単語はめったにありません．

　きちんとした発音であれば，前者は文字の数どおり 3 子音連続になります．後者は文字は 4 連続になっていますが，最初の в は発音されません．（また，発音でもうひとつやっかいなことに，軟子音＋母音 те [t'e] も出てきます）

　『ロシア語正音法大辞典』（2012）には，Здра́вствуйте の 5 文字目の в をはぶいて [zdrástvuit'e] と発音されるのが正しいが，Здра́сьте [zdrás't'e] と発音するのも可とあります．さらには，くだけた感じの発音では Дра́сьте [drás't'e] もありと記されています．じっさいにはほかの発音もありえます．

　言語学者ポリヴァノフの論文「言語進化の原因はどこにあるか」（1931）によりますと，c:зссс! とか ссс! などと文字化できるように，ほぼひとつの音の繰り返しになっているときもあるそうです．ちなみに，こうした「エ

ネルギーの節約」が, 言語が変化していく大きな要因になっているという
わけです.

Здра́вствуйте がこのようにさまざまに発音されている理由は, 子音連続
がきわだっているということ以外にもあげられます.

それは, 「あいさつの言葉」であるということです.

ヤコブソンは, 「言語学と詩学」(1960) という論文の中で, 言語には6つ
の機能があると述べています.

そのうちの代表的な機能は「指示的機能」であり, たとえば「これは○
○大学の建物です」などといったように, なにかを指し示します. 私たち
がことばを用いるときにもっとも頻出する機能です.

ところが, あいさつの言葉, たとえば「こんにちは」となると, 機能が
やや異なります. べつになにかを指し示しているわけではありません. 電
話で「もしもし」などというときもおなじです. 要するに, 相手とつながっ
ているか, 「接触」できているかを確認しているのです.

ヤコブソンは, そのようにことばを使っているときの機能を「交話的機
能」と呼びました. つまり, 「接触」できたかどうかを確認すればいいだけ
です. 友達どうしの長電話などもそうです. 話の中身はたいして重要では
ありません.

そのため, 日本語でも「こんにちは」は, 全部発しなくとも両者の関係
しだいでは「ちわー」ですますことができます.

Здра́вствуйте にさまざまな発音が存在しているのも, そのためなのです.
もっとも, このようなケースがそうあるわけではありません (具体例はIV–
16「口語特有のくだけた発音」を参照).

ちなみに, 言語の交話的機能は, 鳥が人間と共有する唯一の機能である
とともに, 幼児が獲得する最初の機能でもあるとのことです. 幼児は何か
を指し示すよりも先に, 「接触」, すなわちコミュニケーションを求めてい
るのでしょう.

ひとつは，здра́вствовать「元気である，健在である」という動詞の命令形に由来するというものです．

たしかに，命令形をつくるパターンからすれば，そのように見えます．初級では，命令形は現在形の語幹からつくるのが一般的であると習います．そのさい，単数1人称と単数2人称以下では形態が異なることがあるため，通常，単数2人称（ないし複数3人称）の語幹を用います．ここでは，語幹は文字面での語尾 -ю, -ешь（-ишь）を除いた部分を指すことにしておきます．

я здра́вствую, ты здра́вствуешь…

здра́вству+й＞命令形単数 здра́вствуй＞命令形複数 здра́вствуйте

実際，このように здра́вствуй の起源を説明している文献や学習書もあるのですが，もうひとつの説によれば，здра́вствовать の1人称単数現在形 здра́вствую に由来します．

Я здра́вствую тебя́. 健康を祈ります．

最後の文字 ю [ju] であらわしている音のうちの母音 [u] が脱落し，子音 й [j] だけがのこったということです（пожа́луйста なども同様で，пожа́луй＜пожа́лую＜пожа́ловать「与えて賞する」．ただし -ста は起源不明.）

19世紀の文学作品を読まれる方などは，名詞 рука́「手」の単数造格が руко́й ではなく руко́ю，人称代名詞 она́ の造格が ей ではなく е́ю となっていたり，形容詞女性形の造格の末尾が -ой や -ей ではなく -ою や -ею というとなっているケースに出くわしたかもしれません．この場合も，[oju] や [jeju] の最後の母音 [u] が脱落したわけです．

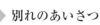
　出会いのあいさつとしては здра́вствуйте 以外に，до́брое у́тро「お
はよう」，до́брый день「こんにちは」，до́брый ве́чер「こんばんは」
もよく使われますが，別れのあいさつも劣らず多様です.

До свида́ния!	あらゆる状況で使用可
Проща́й! Проща́йте!	長い・永遠の別れ
Всего́ хоро́шего! Всего́ до́брого!	あらゆる状況で使用可（祈願のニュアンス）. 祈願の内容はこのように生格であらわす.
До встре́чи!	つぎの出会いが近いうちにあることが前提 になっている
Сча́стливо! Уда́чи!	くつろいだ，仲のよい間柄（祈願のニュア ンス）
Всего́! Приве́т! Пока́!	仲のよい（遠慮のいらない）間柄. 顔なじみ で，とくに若者どうし. Приве́т は出会い のあいさつにも用いられる.
До за́втра! До понеде́льника 　(воскресе́нья 等)!	つぎの出会いが指定の日に生じることが前 提になっている
Уви́димся! Уви́димся по́зже!	よく用いられる（次の出会いにさほど関心 をもっていないニュアンスも感じられる）
До но́вых встре́ч!	聴衆に向けてのあいさつ（とくにテレビ番 組の司会者などが用いる）

7 ❖ кто と что

発音関係でいえば，かなり早い段階で出てくる что「なに」も，できたらさけたいところです．

чт（や чн）を шт（や шн）のように発音するケースです．歴史上のある時期にこうした変化が生じました（似たような発音の連続をさける現象で，言語学では「異化」と呼んでいます）．

что の仲間である接続詞 чтобы（実際には о にアクセントがこないか弱いことが多い）や кое-что「なにかかにか」なども同様に発音されますが，もっぱら文章語で使う нечто「なにか」などは標準語では以前の発音のままです．そもそもこの語は，文章語をあまり入れない初級学習書には出てきません．

また，初級で早くから習う почта「郵便局」のように что に関係のない語の発音も，以前の発音のままです．почта は，ポーランド語からの借用語であり，イタリア語の posta「停留所，駅逓」にさかのぼります．

「異化」の例としては что のほかに，конечно「もちろん」，скучно「たいくつだ，さみしい」などが初級で出てくるかもしれません．

ちなみに，конечно や скучно は，プーシキンやレルモントフの詩では「異化」されている場合とされていない場合の双方が見られます．たとえば душно「息苦しい」と韻を踏んでいるときの скучно は，「異化」されていますが，звучно「よくひびく」と韻を踏んでいるときの скучно は「異化」されていません．

発音に関してもう一点付け加えますと，Что это? や Кто это? という文は，通常の速さでは это にアクセントをおかず，合わせて一語のように発音されます．けれども，以下ではアクセントを付しておきます．

*

　発音はさておき，кто と что の使い分けにも触れておきましょう.

　кто は，名前をたずねるときだけでなく，親族関係や職業や身分などを
たずねるときにも使われます. 英語ですと who と what にわかれるところ
です.

Кто э́то?	こちらのお名前は？	Who is this?
(Это) А́нна.	アンナです.	
Кто она́?	彼女はどういう方ですか？	What is she?
(Она́) студе́нтка / врач.	学生・医者です.	

　さらには，動物にも使います.

Кто э́то?	これはなんという動物ですか？
(Это) бе́лка.	リスです.

　ただし，ハエやカのようなごく小さな動物になると，кто にするか что に
するかは，揺れがあります.

　また，Что э́то?「これはなんですか」は，眼にしているものが理解でき
ないような状況で使われることが一般的であり，そのため，Что э́то тако́е?
「いったいこれはなんですか？」といったように，強調の тако́е が伴ってい
るケースがよく見られます.

　なお，過去時制を習うまでは承知しておく必要はありませんが，кто が
主語の場合の述語は，実際の人数や男女のいかんにかかわらず単数男性形
になるのがふつうです. что が主語の場合の述語は単数中性形になります.

　Кто из де́вочек сказа́л вам об э́том?
　　どの女の子があなたにこのことを話したのですか？
　Что лежа́ло на столе́?　机の上にはなにがありましたか？

8 ❖ и の発音，その他

иという文字の発音じたいは，そうむずかしくありません．

ただ，初級でやっかいなのは，かなり早い段階で брат и сестра「兄・弟と姉・妹」とか журнал и книга「雑誌と本」，студент и студентка「男子学生と女子学生」という表現が出てしまうことです．

硬子音でおわっている語のあとに，и をはさんで子音ではじまる語がくるケースです．

この場合の и は，自然な速さでは ы のように発音されます．

また，он и она のときも ы のように発音されます．[オヌイアナー] のように聞こえます．он и оно や он и они のときも同様です．

これにたいして，мать и брат「母と兄・弟」や словарь и тетрадь「辞書とノート」，она и он「彼女と彼」ですと，и のままです．すなわち，軟子音や母音のあとでは発音は変わりません．

もっとも，このような発音が生じるのは，брат и сестра とか журнал и книга，студент и студентка などが切れ目なくひとまとまりの表現のように発音されたときです．その点では単語の長さや意味も無関係ではなさそうです．

в Иркутске「イルクーツクで」や с Иваном「イヴァンといっしょに」のような語結合のさいも，名詞の出だしは и でなく ы のように発音されます．前置詞はそのあとにくる語と合わせて一語のように発音されることと，関係しているのでしょう．

брат Иван「兄弟イヴァン」なども通常のスピードでは，[ブラートゥイヴァーン] と発音されます．Снег идёт.「雪は降っている」でも同様です．

せっかく и を [イー] と発音練習したのに，ы と発音する「例外」が早々と出てしまうのは学習者にとって負担ですが，実際には，「文字と発音」学習のさいにはこの点にはあまり触れずにさきに進むようにしていることが

多いものと思われます.

＊

ш, ж, ц のあとも同様のことが起っています.

ш と ж（ч, щ）のあとには, 正書法にもとづき, и と ы のうち и という文字しかかきませんが, ши と жи はそれぞれ шы と жы のように発音します.「ш と ж のあとには硬子音しかかきません」と教えているケースです. 習う側も「ああ, そうなの」という感じですますのがふつうです.

この理由を説明しようとすれば, ロシア語史をさかのぼらざるをえません. したがって初級の授業では理由は説明せず, テキストに出てくるたびに注意を喚起するようなやり方をとっていることが多いのではないでしょうか. たとえば Где вы живёте?「あなたはどこに住んでいますか」という表現が出たときなどに, 説明することになります.

けれども, ここではごく簡単に歴史的経過にもふれておきましょう.

文字と発音のずれは, そのむかし ш, ж, ц であらわされていた音が, いまのロシア語とちがって軟子音だったことと関係しています. また, ч と щ があらわしている音はもともと軟子音でした. つまり, ш, ж, ц, ч, щ があらわしている音のすべてが軟子音だったわけです. 古い文献では мужь（＞муж「夫」）, душя（＞душа́「心」）などと書かれています.

現代の正書法もそういった点を, жизнь「生（活）」, широ́кий「広い」などのように部分的に反映しており,「伝統的・歴史的正書法」と呼ばれています. 発音を重視すれば ы にすればよさそうなものですが, ш, ж, ц の後には硬子音のみ, ч, щ の後には軟子音のみがくるため, ロシア語全体として ы より и を使うほうが圧倒的に多いこともあって, и で代表させているのです.

ただし ц の場合だけは, цирк「サーカス」, пти́цы「小鳥たち」といったように, 発音はおなじなのに, ы も用いられています. とくに名詞や形容詞の語尾では, огурцы́「キュウリ（の複数）」のように ы が用いられます. 語尾では и よりも ы が頻度が高いからかもしれません.

9 ❖ 無声化　日本語表記の揺れ

　語末の子音が無声化するのは，英語では通常は見られない現象です．

　英語の有声子音は，bed [béd]，big [bíg] のように，語末でも有声を保っており，語末子音の発音を誤ると dog と dock のように，異なった意味になることがあります．

　これにたいしてロシア語では有声・無声の対立が「中和」され，無声子音として発音されます．たとえば кот「雄猫」と код「コード，符号体系」は，ともに［コートゥ kót］と発音されます．語尾が付くと（たとえば単数生格 котá と кóда），発音も相異なってきますが，単数主格のときは発音がおなじになってしまいます．同音異義語ということになります．

　またロシア語は，語中でも無声子音の前で無声化します．вóдка「ウオッカ」の д は т のように発音され，［ヴォートゥカ vótkə］となります．

　他方，無声子音は，有声子音（в, м, н, л, р を除く）の前で有声化します．футбóл「サッカー」の т は д のように発音され，［フゥドゥボール fudból］となります．

　ということは，ここでも文字と音のずれが生じます．

　とはいえ初級段階でも，このことはあまり負担になっていないようです．教える側もそのつど注意を喚起すればすむのがふつうです．

　さらには，こまかいことをいえば ① наш гóрод「私たちの家」，② Как делá?「ごきげんいかがですか」，③ Как вас зовýт?「あなたのお名前はなんですか」などのときの ① наш，② Как，③ вас などの語末の子音は，通常の速さでは有声化しています．

＊

　無声化・有声化の関係でよく問題になるのが固有名の日本語表記です．

これには厳格なルールがあるわけでなく，事典などを編纂する場合，そのつどルールを決めることになるのがふつうです．外国語の日本語表記に無理があることはすでに英語学習時に体験済みですが，ここでは語末の子音の無声化に関する扱いを見ておきます．

代表的な例は，「ペテルブルク」か「ペテルブルグ」かでしょうか．発音を優先すれば「ク」ということになりますが，文字を優先すれば「グ」になります．最近では「ク」が多いような気がします．けれどもこの都市の旧名となると，「レニングラート」より「レニングラード」のほうが多く使われているように思えます．

ところで，この「語末の子音の無声化」および「子音連続のさいの無声化」は，当のロシアにおいて大きな変化が生じつつあります．ペレストロイカ後に急速に入ってきた英語が関係しています．

早くからの借用語 джаз「ジャズ」などは語末が無声化しますが，最近の借用語 имидж「イメージ」，паб「パブ」はかならずしもそうでありません（ノートブック ноутбук の子音連続もふつう有声化していません）．この状態がつづくならば，ロシア語の子音体系に変化が生じることになります．

ついでに音引きにもふれておきますと，私は（現在では），原則としてカタカナで4文字以内はアクセント位置のしるしとしての音引きを入れないようにしています．ミハイル，バフチンであって，ミハイール，バフチーンとは表記していません．それ式にいけばバクニンとなるところですが，これは慣例に合わせてバクーニンです．ちなみに，バクーニンの影響力は大きいのか，バフチンなどもかなりの人が「バフーチン」といいます．それをさけるには，バフチーンとしたほうが効果的ではありますが．

慣例といえば，『昔話の形態学』などで知られる民俗学者プロップなどもそうです．Пропп は発音 [próp] からすれば，プロプかプロープしか日本語表記はありえません．ただやっかいなことに，語尾が付くと発音が代わり，生格 Про́ппа は［プロッパ próppə］と発音されます．

10 ❖ да と нет

学習の初期段階では，肯定のときは да「はい」，否定のときは нет「いい
え」を使うとおぼえます．

それぞれ一語だけでもよく使いますので，とても便利な表現です．

試験問題などで Вы лю́бите литерату́ру?「文学が好きですか」のような
「～は～ですか」型の疑問文をいくつかならべ，「ロシア語で答えなさい」
としておくと，да の一語ばかり書いて何点か確保しようとする人がよくい
ます．この作戦を防ぐには，「2 語以上で答えなさい」といったような工夫
が必要なのですが，да や нет 一語で答えること自体はロシア語として不自
然なわけではありません．

たとえば Ви́ктор — студе́нт?「ヴィクトルは大学生ですか？」という問い
には，以下のような答えがありえます．

Да.	はい．
Да, он студе́нт.	はい，彼は大学生です．
Да, студе́нт.	はい，大学生です．
Студе́нт.	大学生です．
Нет.	いいえ．
Нет, он не студе́нт.	いいえ，彼は大学生ではありません．
Нет, не студе́нт.	いいえ，大学生ではありません．
Не студе́нт.	大学生ではありません．

*

да と нет が出てきた機会に，ジェスチャーの問題にもふれておくのも悪
くはありません．というのも，外国語など知らなくてもいいという人のな
かには，言葉は知らなくても身振り手振りでなんとかなるものだと信じて
いる人が，かなりいるからです．たしかに，コミュニケーションは言語

だけでおこなわれているわけではなく，身振りや状況も関与しています．

　ただ問題なのは，身振りだけでなんとかなるという人の多くが，言葉にくらべると身振りは地域差が少ない，すなわち身振りのほうがユニヴェーサルであると思いこんでいることです．

　この点は要注意です．実際には，『ロシア語身振り辞典』などがいく種類も存在しているように，それぞれの言語使用者のあいだでかなりの差異があります．たとえば，「こちらにいらっしゃい」と招くときの手の動きは，ロシア語と日本語では大きく異なります（しかも，идти́ という動詞は「行く」，「来る」のいずれの意味でも使われます）．

　またそれだけでなく，一般に身振りは無意識になされることが多いだけにいっそうやっかいです．そうしたちがいのなかでもいちばん重要なのが肯定・否定の身振りです．

　ヤコブソンの「首の振り方による Yes と No」(1967) によりますと，1877 年から 78 年にかけての露土戦争時にブルガリアに駐留していたロシア人兵士のあいだで大混乱が起こりました．ロシア人は肯定のときに首を縦にふり，否定のときに横にふります．基本的に日本式とおなじです．ところがブルガリア式ではこの関係がほぼ逆だったのです．

　この点に関連しては，何年か前の朝日新聞で，ブルガリア出身の元大関の琴欧州が新弟子時代を回想して「証言」しています．

　ちゃんこ鍋を食べていたときに，「おかわり？」と聞かれて首を横にふったところ，「いらない」と答えたことになってしまった，というのです．

　もっとも，琴欧州の場合は日本式への切り替えにそう苦労はしなかったものと推測されますが，露土戦争の場合は事情がこみいっていました．ヤコブソンはつぎのように書いています．

　「いちばんむずかしかったのは，ブルガリア人にとって，相手のロシア人が個々の場合に依拠しているのが二つの首振りコードのうちのいずれなのか，すなわちロシア人自身のそれなのか，それとも現地式なのか確信できないことであった．」

11 ◈ ты と вы

　相手がひとりの場合の вы と ты の使い分けは，「親子，兄弟，夫婦，友人どうしのほか，目下の者にたいして ты が用いられるのにたいして，遠慮のいる間柄では вы が用いられる」というふうに，ふつう説明されています．

　英語圏向けのある教科書には，「ты は，子ども（見知らぬ相手の場合も），友人，家族の一員，親族関係，動物に向かって使用される」とあります．

　そのほか，ты が崇敬として用いられていた時期もありました（神，故人，自然現象の擬人化，ミューズや恋人への詩的よびかけ...）．

　ひとりの相手にたいして вы がひろく使われるようになったのは，18 世紀，ピョートル治世といわれています．年齢や地位が上の人に向けてでした．とくにピョートル後の時代に，フランス語，ドイツ語などの影響でどんどんひろがっていきます（高い地位のひとりの人に向かって вы を使う例は，11–16 世紀の文献に見られないわけではありません．ビザンチンの伝統という説があります）．

　19 世紀には貴族のあいだで規範化します．

　けれども，農民のあいだでは 19 世紀半ばまで普及しませんでした．

　今日の用法では，вы には «Антóн Ивáнович, вы пóмните о нáшем разговóре?» 「アントン・イヴァーノヴィチ，私たちの会話をおぼえていますか」のように，名前＋父称が対応しているのが一般的ですが，«Антóн, вам проси́ли передáть э́ту запи́ску.» 「アントン，あなたにこのメモを手渡すよう頼まれました」のように，名だけとの組み合わせもあります（大学の授業では教師が学生に「вы と名」で呼びかけるのが一般的でしたが，最近では「ты と名」がひろがってきているようです）．

　もう少しこまかく見ておきますと，вы は通常，エチケットとして以下の

ような相手に向かって使われます.

① 知らない人，あまり知らない人
② 役所・ビジネスの書簡で法律関係者
③ 公的な場や勤務中において他の人たちのいる場面での知り合い
④ かたくるしくない状況で，年齢，地位が上の人
⑤ （19 世紀には）家庭で子供が両親や兄姉にたいして
⑥ （19 世紀には特権階級，20 世紀には古い世代の知識人のあいだで）年齢や地位が対等な人．さらには大人をまねて子供どうし
⑦ 以前は ты だった人：気持ちが冷めたときなど

今日では家庭においては，両親，祖父母に向かって子どもは ты で話しかけますが，ほかの親縁関係者との会話では вы がふつうです.

12, 13 歳くらいまでの子どもには，店や乗り物の中，通りでは ты で話しますが，それより年上の人には вы がよいであろうとのことです.

また，相手が同年配で親しくて，くつろいだ状況では，ты は当人どうしがいっそう信頼関係をいだいていることを意味します. «ты», すなわち私がよく知っている親友ということです.

このような調子で使い分けがあることを知ると，私たちは相手にどちらで話しかけたものやら迷うことがあるかもしれません. そのときは вы にしておいたほうが無難です. «Мóжет быть, мы перейдём на "ты"?»「よろしければ，ты にきりかえませんか？」などとたずねることも可能ですが，男女の会話では «ты» への移行は女性が決める権利をもっているようです.

ロシアのある雑誌の読者欄に，「私は 17 歳になりますが，父や母に вы を使っています. 友達からも指摘されましたが，これはおかしいのでしょうか」という一女性の質問が載ったことがあります. вы の用法の歴史も関係して，いまなお地域や社会的所属しだいで若干の「揺れ」があるようです.

12 ◈ 形容詞の語尾の発音

　ある種の文法形態に特有の発音があります.

　ここでは, 初級段階で出てくる二例のみあげておきます.

　形容詞のうち, 語尾にアクセントがきていない場合 (たとえば нóвый 「新しい」), 女性主格形 нóвая と中性主格形 нóвое の発音はおなじです (文字からすると女性形の発音).

　私の著した参考書では発音をカタカナで示しています. いずれも「ノーヴァヤ」と. この点につき学習者や教師から,「これはまちがいではないですか」と問い合わせがくることがあります.

　これもこまかく説明するときりがないのですが, 形容詞特有の慣例であって,「とりあえずそのように発音してください」ですましています.

　要するに, 語尾にアクセントのない形容詞の女性形と中性形は発音がおなじなのです. このことは文法の練習のときなどに不便です.

　　Это ＿＿＿＿＿＿＿ кни́га.　これは新しい本です.

　　Это ＿＿＿＿＿＿＿ письмó.　これは新しい手紙です.

これらの問題に口頭で答えてもらった場合, 女性形をいったのか, 中性形をいったのかが区別できません.

　ちなみに, アルファベットを読んでいくとき, и のあとの文字 й を「イー・クラートカヤ」と発音してきたと思いますが, これを文字で表記すれば и кра́ткое です. 文字名は中性扱いすることが多いのです.

　そのほか, 形容詞の男性主格形と複数主格形も耳で聞くとかなり似ているようにひびきます.

　また, 所有代名詞の ваш, наш の主格も, 女性形と中性形で発音上区別がなくなりますが, この場合は, より正確には, 文法形態に特有の発音に

由来するものではありません．アクセントのあとの音節 -ша と -ше の母音がいずれも「弱いア」のような発音になるためです．

　ただしこの現象もまた，初級で説明する必要はなく，やはり「とりあえずそのように発音してください」ですましています．

　ちなみに，形容詞や代名詞の格変化は初級段階では出ないかもしれませんが，それらの男性・中性の生格は -го でおわっているにもかかわらず（нóвого, егó），-во のように発音されます．15 世紀頃から数段階を踏んで発音は -во へ移行したものの，綴りは教会スラヴ語に合わせたままになっているためです．

какóй の用法

　1）どのような

　　Какáя э́то тетрáдь?　　　　　　それはどんなノートですか？

　　Э́то нóвая тетрáдь. / Нóвая.　　新しいノートです．

　2）なんの

　　Какóе э́то здáние?　　　　　　これはなんの建物ですか？

　　Э́то шкóла. / Шкóла.　　　　　学校です．

　　Какóй э́то преподавáтель?　　　これは何の先生ですか？

　　Э́то преподавáтель фи́зики.　　物理の先生です．

　3）名称

　　Какáя э́то стáнция?　　　　　　これは何駅ですか？

　　Э́то стáнция «Парк культу́ры».　「文化公園」駅です．

　4）どの

　　В какóм магази́не вы купи́ли э́то?　どの店でそれを買いましたか？

　5）日付

　　Какóе сегóдня числó?　　　　　今日は何日ですか？

　6）曜日

　　Какóй сегóдня день?　　　　　今日は何曜日ですか？

---

13 ❖ 母音の数，子音の数

ロシア語にどのくらい母音や子音があるかは，初級段階ではどうでもいいことだと思います．あるいは上級まで進んでも必要のない知識かもしれません．

けれども，「ロシア語には硬母音と軟母音を合わせて，計10の母音があります」といったたぐいの記述を見ると，それだけはやめてほしいという気にならないでもありません．

音の数は，音のどのような特性を念頭におくかで変わってきます．

音の物理的特性や生理学的特性を問題にするならば，無限にあるということになります．同一人物でさえ，おなじ音を完全にくりかえすのはむずかしいでしょう．もちろん，日本語でたとえば「あ」と発音する場合でも同様の事態が起こっています．

音の数を問題にする場合は，通常，音の機能，たとえばその音によって単語や形態素を区別できる状態で考えます．「音」と区別して「音素」と呼ばれているものがいくつあるかを問題にするのです．そのさい，母音などはアクセントのある位置にきている場合を問題にします．「母音の弱化」が生じない位置です．

では，ロシア語では音素はいくつあるのでしょうか．

ロシアで出ている本には，通常，42音素と書かれています．

ただし学者のあいだ，すなわちモスクワ音韻論学派とペテルブルグ学派のあいだには，伝統的に見解の相違が見られます．

母音に関していえば，前者は5（日本語とおなじ），後者は6と数えています．とはいえいずれにせよ，「10」などではありません．

子音の数は，ロシアで出ている教科書では36とされています．

けれども [g], [k], [x] と [g'], [k'], [x'] は，同一位置には立ちません．前

列母音のまえには [g'], [k'], [x'] のみであるのにたいし（ги́бкцй「しなやか
な」，хи́трый「ずるい」），非前列母音のまえには [g], [k], [x] のみですから
（газ「ガス」，зако́н「法」，ха́та「農家」），これらは 6 個の子音ではなく 3
個の子音であり，子音全体の数は 33 とみなすことが可能です．

　母音に話をもどしますと，初級学習書にはつぎのような表が出てきます．

硬母音字	a [á]	o [ó]	y [ú]	э [é]	ы [í]
軟母音字	я [já]	ё [jó]	ю [jú]	е [jé]	и [í]

　けれどもなかには，つぎのような表を使っている学習書もあります．

硬母音	a	o	y	э	ы
軟母音	я	ё	ю	е	и

　そして，「ロシア語には硬母音と軟母音を合わせて 10 個の母音が存在し
ます」と書かれていることがあります．
　けれども後者の表の場合，文字と音の混同が見られます．後者の表にお
ける上下の欄の対比は，形態論（たとえば名詞，形容詞などの変化の説明）
などでは役立ちますが，そのことと音のレベルでの説明はあくまでもべつ
であり，その点について断りがほしいところです．
　前者の表に記されている音を確認しておきましょう．
　я [já], ё [jó], ю [jú], е [jé] の 4 文字は，2 つの音，つまり「子音 j＋母音」
をふくんでいます．これを「軟母音」と呼ぶのは，初級学習者にとっては
便利な面もあるのかもしれませんが，ロシア語の基本構造の説明に反して
いることは確かです．
　また я, ё, ю, е, и は，子音のあとにきたときには（たとえば мя [m'á], мё
[m'ó], мю [m'ú], ме [m'é], ми [m'í]）役割が異なり，前の子音が軟子音であ
ることを示すとともに，[á], [ó], [ú], [é], [í] という母音としてあとにつづ
いています．

　母音の数を5とするか6とするかは，ы [ɨ] を и [i] の異種であるに
すぎないとみなすか，[i] と [ɨ] それぞれ独立した音素であるとみなす
かのちがいからきています．

　мила [m'íla] と мыла [mɨla]，пил と пыл などの対を見ると，и [i] か
ы [ɨ] かのちがいで区別されているかのようです．けれどもほかの母音
の場合（ряд [r'át] – рад [rát]，люк [l'úk] – лук [lúk]）を見ると，母音で
区別されているのではなく，先行する子音が軟子音であるか硬子音で
あるかに依っていることがわかります（日本語でいえば，「みゃ」と
「ま」のちがいは [m'a] – [ma] であって，いずれも母音は「あ」[a] で，
子音が口蓋化されているか否か（軟子音か硬子音か）のちがいです）．

　けれども мила [m'íla] と мыла [mɨla] などの場合は，軟子音のあとに
は [i]，硬子音のあとには [ɨ] といったように別々の母音がきています．
となれば2つの母音と数えるのが自然に思えますが，じつは軟子音の
あとにくるのは [i] のみであり，硬子音のあとにくるのは [ɨ] のみです．
モスクワ音韻論学派の見解では，これは1つの音素 [i] が2通りの現
れ方をしているにすぎないということになります（相補的分布）．

　また ы [ɨ] は，他の母音とちがって語頭に立ちません（たとえば『露
和辞典』を引いても щ のつぎは э になっています．アルファベットを
唱えるときには33もあったのに，辞書を引くときには見出しに登場
しません（ほかにも硬音記号 ъ と軟音記号 ь も同様であり，これらか
らはじまる語は存在しません）．さらには，[ɨ] は г [g], к [k], х [x] のあ
とにきません．

　これにたいし，ペテルブルグ学派の言い分によれば，[ɨ] は一部の地
名の冒頭や，古いモスクワ発音での [g], [k], [x] のあとに認められます．

ロシアで出ている日本語会話帖のひとつには，以下のように日本語の「発音規則」が説明されています（発音記号はロシア語の文字を使っています）．

　〔и〕，〔я〕，〔ю〕，〔ё〕の前の〔c〕は，とても軟らかく，シュー音のように発音されます．舌は，〔щ〕の発音のさいのような位置にあるべきで，絶対に〔ш〕に置き換えることはないようにすべきです．

　〔и〕，〔я〕，〔ю〕，〔ё〕の前の〔т〕も，ロシア語の〔т〕とは異なっています．それは〔т〕と〔ч〕の中間です．

　語末の〔эй〕は，むしろ長音の〔э:〕のように発音されがちです．

　日本語の音〔p〕は，ロシア語のようには舌の震えを伴いません．

　日本語には音〔л〕は存在しないため，借用語ではこの音は，ロシア語の〔p〕と〔л〕の中間の日本語の〔p〕で代替されています．したがって，あなたの名に〔л〕が存在する場合は日本語ふうにややべつにひびくようにしておくとよいでしょう．

　日本語の母音は長い場合と短い場合があります．母音の長さは語の意味に影響することがあるので，厳密に守らねばなりません．

　無声子音のあとの母音の弱化（ほぼ消滅）もよく見られます．たとえば語末の〔y〕は綴りの《дэсу》とちがって《дэс》と発音されることがあります．

　〔o〕はアクセントがきていない場合も，ロシア語のように〔a〕に変わることはありません．

　日本語にはロシア語のような強弱アクセントはなく，高低アクセントです．同一語であっても高低の置き方に地域差が見られることがあります．

II

名詞と動詞の基本的特徴

1 ◉ 名詞の性の見分け方 (1)

ロシア語の名詞は，日本語や英語の名詞にくらべると文法面での情報量が豊かです．

たとえば Виктор читáет газéту.「ヴィクトルは新聞を読んでいます」という文の中の газéту は，「新聞」という語義をもっているだけでなく，-y という語尾によってこの名詞が「女性」で「単数」で「対格」であることも示しています．つまり性，数，格といった3種類の文法的カテゴリーをあわせもっています（「文法的カテゴリーとしてもっている」場合は，いずれかの性・格・数をかならずえらぶことを要求されますが，「文法的カテゴリーとしてもっていない」場合は表現するかしないかは自由です）．

今回はそのうちの性について見ていくことにします（ここでは名詞に限定して話を進めますが，実際には，文法的カテゴリーとしての性は形容詞，形容分詞，順序数詞，動詞の過去時制単数形，大部分の代名詞にも伴っています）．

まず，ロシア語の名詞には性は何種類あるとみればいいのでしょうか．初級の段階では，「名詞は男性か女性，中性のいずれかに属する」と習うのがふつうです．ある統計では女性名詞43%，男性名詞40.5%，中性名詞16.5% であり，また，名詞の78% が不活動名詞です．

けれども上記の3種類のいずれにも属さない名詞も少数ながら存在します．たとえば сóня「寝坊」などのように，男性名詞としても（мúлый сóня），女性名詞としても（мúлая сóня）用いられる名詞があります．これらは通性名詞（あるいは総性名詞）と呼ばれています．

また，сýтки「一昼夜」などのように複数形しかない名詞は，いずれの性にも属さないことになります．

では，少数派はさておき，男性，女性，中性のいずれかに属する名詞に

のみかぎった場合，それらをどのように見わければいいのでしょうか．

брат「兄弟」や сестра́「姉妹」などのように自然性が文法性と一致する場合はべつにして，大部分は意味ではなく語の形態から判断することになります．

потоло́к「天井」が男性で，стена́「壁」が女性で，окно́「窓」が中性なのはなぜなのかなどと気にしていては，さきに進めません．

пшени́ца「小麦」が女性で，овёс「エンバク」が男性で，про́со「キビ」が中性であっても，理由は気にしないことです．

文法性と自然性は通常は区別されていますが，詩人が植物を擬人化しているときなどには文法性と自然性を重ね合わせているケースが見られます．берёза「シラカバ」は若い女性，клён「カエデ」は若い男性です．またロシア人は曜日を擬人化しがちであり，無意識のうちに понеде́льник「月曜」，вто́рник「火曜」，четве́рг「木曜」を男の人，среда́「水曜」，пя́тница「金曜」，суббо́та「土曜」を女の人とみなしているとの調査結果もあります．ロシアの迷信では，ナイフ нож がテーブルから落下すれは男性の訪問の前兆，フォーク ви́лка が落下すれば女性の訪問の前兆だそうです．

文法性を区別するにあたっては，つぎのような表がよく使われています．

文法性	末尾の文字		
男性	－子音	-й	-ь
女性	-a	-я	-ь
中性	-o	-e	-мя

例外はあるにせよ，この表によって大部分の名詞の性が判別できるわけですから，おなじく文法性のあるドイツ語やフランス語，スペイン語その他にくらべて，ロシア語の名詞の性の見分けは格段に楽です．

2 ◉ 名詞の性の見分け方 (2)

　面倒なのは -ь だけです．この場合，初級段階では「男性か女性かをいちいち辞書で確認すること」といったような指示がなされているのがふつうです．

　けれどもこの場合にしても，中級・上級以降で接尾辞を認定できるような段階にいたれば，相当数の名詞は性が見わけられるようになります．

　たとえば接尾辞 -ость で終わる名詞は女性（例：но́вость「新しいこと，ニュース」＜но́вый「新しい」），接尾辞 -тель で終わる名詞は男性（例：учи́-тель「教師」＜учи́ть「教える」）です．

　ただし -ость で終わっていても接尾辞でなければ гость「客」などのように男性の場合がありますし，同様に -тель で終わっていても посте́ль「ベッド」は女性です＜ постла́ть「敷く」.

　また，-жь，-чь，-шь，-щь で終わる名詞は女性であり，接尾辞 -арь で終わるものは男性です（слова́рь「辞書」＜сло́во「語」）.

　そのほか，янва́рь「1 月」から дека́брь「12 月」まで月の名は，すべて男性です．календа́рь「カレンダー」も男性です．

　こういった調子で判別基準（他にもあります）をふやしていくと，たとえ -ь で終わる名詞であっても区別がかなり可能であり，結局，形態から判別できないのはロシア語の名詞全体のうちの 1 割にも満たないことになります（もちろん，以上は主格の場合を問題にした場合であって，他の格では話はまたべつです）.

　ちなみに，形態による性の区別を習う場合，まず男性名詞からはじめることが多いようですが，理屈っぽくいえば，これには問題がないわけではありません．

　まず第一に，例外が多いということです．де́душка「祖父」とか дя́дя「お

じ」のように -a とか -я でおわるもののほか，（初級では出てきませんが）
доми́шко（дом「建物，家」の指小語）や доми́ще（дом の指大語）のように
-o や -e でおわるものまであります．

　第二に，前ページの表の男性の部分の「−子音」と書いている箇所を一
言で矛盾なく説明するのがやっかいです．「子音」というのが，子音をあら
わす文字のつもりだとすると右隣の枠の й も子音ですし，また音のつもり
であるとしても，й があらわす音も子音ですし，-ь もその前の文字といっ
しょになってひとつの軟子音（口蓋化音）をあらわしますから，結局，男性
を 3 種類に分ける必要がなくなります．

　学習書によれば「−硬子音」と書いているものもあります．ところがこ
の場合も，ч と щ はつねに軟子音をあらわしていますし，また，女性名詞
を示す末尾である -жь と -шь が -ь で終わっているにもかかわらず硬子音を
あらわすために，やはり矛盾してしまいます．

　そこで，学習書によっては三つとも「子音」とか「ゼロ語尾」としてい
るものもあります．「ゼロ語尾」とするのが言語学的にはいちばん的確なの
ですが，文字経由で学ぶことの多い初級段階ではやや「高級」です．私は，
文字中心に三区分して，いちばん左の枠を「-й 以外の子音文字」といった
ような，これまたいささかくどい説明を用いています．

　ちなみに，この 3 タイプは格変化の（厳密な意味での）語尾はまったくお
なじで，主格 -ø，生格 -a，与格 -u，対格＝主格／生格，造格 -em/om，前置
格 -e です．語幹はそれぞれ /dom/, /muz'ej/, /slavar'/ です．

дом	/dom/	музе́й	/muz'ej/	слова́рь	/slavar'/
до́ма	/doma/	музе́я	/muz'eja/	словаря́	/slavar'a/
до́му	/domu/	музе́ю	/muz'eju/	словарю́	/slavar'u/
дом	/dom/	музе́й	/muz'ej/	слова́рь	/slavar'/
до́мом	/domom/	музе́ем	/muz'ejem/	слова́рём	/slavar'om/
до́ме	/dome/	музе́е	/muz'eje/	словаре́	/slavar'e/

3 ◉ 数は英語にもあるが

　単数と複数の区別に代表されるような文法的カテゴリーとしての「数」は、「性」とは異なり、ロシア語だけでなく英語にも存在します。

　これにたいして、日本語の名詞には文法的カテゴリーとしての数は存在せず、「机の上に本がある」といったような文では、本が1冊なのか2冊以上なのかは不明です。おそらく、トゥルゲーネフの小説 «Отцы́ и де́ти» の邦題『父と子』からは、世代間の問題というよりも特定の親子の関係しか浮かばないでしょう。

　ただし日本語の場合も、複数をさまざまな方法でもって表現することはある程度まで可能です。「山々」、「品々」といった畳語複数をはじめ、「学生たち」とか「諸問題」といったように「たち」、「諸」などの接辞を用いた表現や、「3冊」などのように数量詞による表現などがあります。けれどもこれには限界があり、たとえば「海々」、「川々」とか「本たち」とは、通常いいません。もっとも、У меня́ есть карандаши́. を「私は鉛筆たちをもっています」と訳すひともふえてきています。

　ともあれ、日本語の場合と異なって「文法的カテゴリーとしての数」が存在するロシア語や英語では、つねに数の区別が必要となります。もちろんこの点では、英語学習時の経験がロシア語の場合にも大いに役立つはずです。基本的には英語の場合とおなじように考えていけばいいわけです。

　したがって、ここではロシア語と英語の相違点のほうにもっぱら注目することにします。

　ちなみに、数は名詞だけでなく、その他の品詞にも見られますが、この点では両言語間に多少のちがいがあります。たとえば、ロシア語とはちがって英語の形容詞には数の区別はありません。

| 単数 | э́тот | краси́вый | цвето́к | this beautiful flower |
| 複数 | э́ти | краси́вые | цветы́ | these beautiful flowers |

さて，名詞にかぎった場合ですが，両言語をくらべてただちに目につくのは数の表現の仕方の相違です．

　英語では，たとえば tables の場合，最後の -s が「複数」であることだけをあらわしているのにたいして，ロシア語の場合，たとえば столы́ の -ы は「複数」であることだけでなく，同時に「男性」で「主格ないし対格」であることも示しています．つまり，ロシア語には数のためだけの特別な形態素はありません．

　また，英語では複数の大半が -(e)s であらわされるのにくらべると，ロシア語の複数形は種類が多く，最初は多少むずかしく感じられるものと思われます．

　けれども英語との関係でのみ見た場合に注意すべきは，以上のように相異なっているケースよりも，むしろ似かよっているケースのほうかもしれません．たとえば両言語とも，単数形でしか用いられない名詞や，複数形でしか用いられない名詞が存在します．実際に数えられるか否かを絶対的な基準にするわけにいかないことはすでに英語でも経験ずみのことと思いますが，それだけでなく，英語との類推でロシア語の例を判断することにも警戒が必要です．例をいくつかあげておきます．

1)　ロシア語ではふつう単数形しか使われないが，英語ではそうでないケース：карто́фель（potato-potatoes），морко́вь（carrot-carrots）

2)　英語ではふつう単数形しか使われないが，ロシア語ではそうでないケース：advice（сове́т-сове́ты），money（де́ньги），chess（ша́хматы）

3)　ロシア語では複数形しか使われないが，英語ではそうでないケース：часы́（watch-watches），черни́ла（ink），воро́та（gate-gates）

4)　英語では複数形しか使われないが，ロシア語ではそうでないケース：customs（по́шлина-по́шлины），greens（зе́лень）

4 ◉ 格は日本語のほうが多い！

　英語をならった経験のある人がロシア語を学ぼうとすると，ロシア語の名詞が主格，生格，与格，対格，造格，前置格といったように6つも格をもっているのは「不自然」に思われるかもしれません.

　けれどもはたしてそうでしょうか. ロシアで出た日本語教科書のひとつにはつぎのように記されています.

　「ロシア語とは異なり日本語の場合，名詞は性や数といった文法的カテゴリーをもっていない. 他方……日本語には以下のような11の格がある.」

　つまり，性や数とは異なり，格は日本語にも存在するわけです. しかも11格も！

　11格とは（仮に訳をつけますと），無接尾辞格，主格（接尾辞「が」），生格（接尾辞「の」），与格（接尾辞「に」），対格（接尾辞「を」），造格（接尾辞「で」），向格（接尾辞「へ」），供格（接尾辞「と」），起点格（接尾辞「から」），限度格（接尾辞「まで」），比較格（接尾辞「より」）です.

　ちがいは，日本語の場合は体言に助詞がつくことによって格が示されるのにたいして，ロシア語では名詞じたいの語尾変化によって格があらわされるという点にしかありません.

　文法現象としては別段あたらしくはないわけです. また，この格なるものがいかに重要な役割を果たしているかについても，日本語の場合を思い浮かべれば十分に納得がいくことでしょう. たとえば「太郎が・花子に・本を・あげる」といった文において，「太郎が」，「花子に」，「本を」の順番をどのように入れ換えてもさして問題が起こらないのは，格のおかげなのです. 英語ではこうはいきません.

　ただしそうはいっても，ロシア語の格変化をおぼえるのはたしかにたいへんです. 格はきわめて重要な文法的カテゴリーであると同時に，ロシア

語学習者にとっては相当手ごわい関門でもあるといえます. けれどもまた，このことをあまりに誇張するのもいただけません.

たとえば，「ロシア語の名詞は単数で6格，複数で6格というように計12種類もの変化をする」などと「脅して」いる場合がありますが，変化表をよく見ればわかるように，そんなことは絶対にありません. ко́мната「部屋」を例にとりますと，単数の与格と前置格はともに ко́мнате，単数の生格と複数の主格，対格はともに ко́мнаты です. したがって9種類の形態しかありません.

あるいは тетра́дь「ノート」ですと，単数の主格と対格は тетра́дь，単数の生格と与格，前置格，複数の主格，対格は тетра́ди ですから7種類です.

また，「男性名詞，女性名詞，中性名詞のそれぞれで変化のタイプが異なる」こともたしかなのですが，実際には，男性名詞と中性名詞（10語しかない -мя 型を除く）の変化はほとんどおなじであり，極端にいえば「男性・中性型」と「女性型」に二分されます（「女性型」と「非女性型」といってもよいでしょう）. すなわち，二通りの変化しかないのです.

さらには，複数の場合，変化タイプにかかわらず，与格，造格，前置格はそれぞれ -ам（-ям），-ами（-ями），-ах（-ях）にほぼ統一されています.

	単数	複数
主格	ко́мната	ко́мнаты
生格	ко́мнаты	ко́мнат
与格	ко́мнате	ко́мнатам
対格	ко́мнату	ко́мнаты
造格	ко́мнатой	ко́мнатами
前置格	ко́мнате	ко́мнатах

	単数	複数
主格	тетра́дь	тетра́ди
生格	тетра́ди	тетра́дей
与格	тетра́ди	тетра́дям
対格	тетра́дь	тетра́ди
造格	тетра́дью	тетра́дями
前置格	тетра́ди	тетра́дях

5 ◉ 格変化のおぼえ方

　格変化を習得するにあたっては，大きく分けて二つの方法があります．ひとつは「伝統的な」やり方で，あるタイプの変化を単数主格にはじまり複数前置格（あるいは単数前置格）まで一挙におぼえてしまおうというものです．学生時代には私も，стака́н「グラス」の変化を стака́н, стака́на, стака́ну, стака́н, стака́ном, стака́не; стака́ны, стака́нов, стака́нам, стака́ны, стака́нами, стака́нах などと念仏のように唱えさせられているうちに，自分が стака́н といっているのか「スカタン」といっているのか一瞬わからなくなったような経験があります．

　もうひとつの方法は，格の形態と用法を一格ずつ学んでいくものです．最近ではこの方法を基本にした学習書が優勢です．いずれの方法をとろうと結果的には格変化の全体を学ぶことにはなるわけですが，前者の場合は丸暗記的性格が強いため，今日の風潮にはどうもそぐわないようです．

　格とはどういうものかを知るには，生格のうちの（前置詞を伴わない）所有の表現：дом отца́「父の家」からはじめるのがよさそうですが，実際の例文には（動詞の現在形変化をさきにおぼえる関係で）Он чита́ет журна́л.「かれは雑誌を読んでいます」のような（主格とひとしい形態の）対格がさきに出てしまいがちです．

　ただ全体としては，昨今では拙著もふくめ学習書の多くでは，主格のつぎに前置格を学ぶことにしています．これは，前置格の語尾の種類が比較的少ないため記憶の負担が軽いことも理由になっていますが，その一方，この格だけは前置詞といっしょにしか使えないため，前置詞の意味もおぼえなくてはならないというマイナス面もあります．

　格に関しては，「格支配」もできるかぎり記憶しておく必要があります．

動詞（や形容詞など）がどの格とむすびつくかです。実際には，動詞の場合，対格支配（つまり他動詞）以外は初級ではあまり出てきませんが……

　この格支配の示し方は辞書によって差があり，たとえば интересова́ться「興味をもつ」ですと，[《造》「〜に」興味をもつ] と記されている場合と，「〈кем-чем〉〜に興味をもつ」と記されている場合があります。前者は学習の初期段階では кто や что の格変化じたいをおぼえていない可能性があることを考慮しているわけです。けれどもおおげさにいうならば，情報量としては後者の方が多く，《造》ですと興味の対象として人（および動物）とモノの両方が可能かどうかが不明なのにたいして，кем-чем の場合はその点が明確に示されています。занима́ться「〈чем〉〜に従事する」ですと，造格には人（および動物）はこないことがわかります。

　格の頻度に関しては，つぎのような統計もあります。

　口語（話しことば）では，主格が1位で50％，のこる50％のうち，対格が20％，生格が11％から16％，あとの3格は合計でも14％から19％です。

　実務文，論文，政治関係などでは，1位は生格で36–46％，つづいて主格が25％，のこり4格は合わせて30–40％です（硬い調子の文では，「〜の〜の〜の」といった生格の連続が，的確な文体なのです）。

　児童向け新聞では，いちばん頻出する格は主格（33％），つぎは生格（24％），そのつぎは対格（20％）。これら3格で全体の77％です。

　ちなみに，そのむかし，モスクワ・オリンピック（1980年）に合わせて，ロシアで日本人旅行者向けロシア語会話ブックがカセット・テープ付きで出版されましたが，その例文では主格が圧倒的で，格変化ができなくても最低限のやりとりはできそうに思われるような本でした。結局，日本代表は不参加でしたが。

6 ◉ 死人は活動名詞？

　格変化の学習にさいしては，活動名詞，不活動名詞の区別も必要になります.

Я ви́жу дру́га.	友人が見えます.	［男性］
Я ви́жу авто́бус.	バスが見えます.	［男性］
Я ви́жу де́вочку / ко́мнату.	女の子・部屋が見えます.	［女性］
Я ви́жу окно́.	窓が見えます.	［中性］

　このように，単数の場合には男性名詞にかぎって対格の形が二通りにわかれます. すなわち друг のように活動名詞に属する名詞であれば対格＝生格となるのにたいして，авто́бус のように不活動名詞に属する名詞は対格＝主格となります.

　男性名詞の場合だけ二通りにわかれている背景には，主体と客体の区別を明示しようとした歴史的事情があります. たとえば Оте́ц ви́дит сын. のように主格と対格がおなじ形態のままでは，сын「息子」が主体であり оте́ц「父」が客体であるととることもできます.

　中性名詞も主格と対格は同一形態ですが，人間をあらわす名詞はごくわずかのため，このような問題は生じませんでした.

　不変化の男性名詞のような場合には，この区別は形容詞や代名詞によって示されます（люби́ть чёрного по́ни / чёрный ко́фе「黒い小馬／ブラック・コーヒーが好きです」）.

　男の人をあらわす男性名詞には，-a や -я でおわるものがありますが，活動名詞であることは（名詞じたいは -a や -я でおわる女性名詞とおなじ変化をするため）形容詞や代名詞の変化によって示されることになります.

| Я зна́ю хоро́шего ю́ношу. | すてきな若者を知っています. |

　複数の場合にはこの区別がすべての性の名詞で見られます. とはいえ中

性名詞の場合，活動名詞に属する語の数はごくかぎられています．

さて，このように単数の場合と複数の場合で事情が異なってくることもさることながら，もうひとつ面倒なのは，どのような名詞が活動名詞に属するかの判別の仕方です．

おおまかにいうならば，人や動物をあらわす名詞が活動名詞，それ以外の名詞が不活動名詞ということになります．

たとえば植物をあらわす名詞は不活動名詞です．

その点では，日本語の「いる」と「ある」の区別にかなり似ているともいえます．

けれども，こういったおおまかな枠からはずれているケースがいくつかあります．たとえば，集合的な意味で使われた наро́д「人々」などは不活動名詞であり，ви́деть наро́д「人びとを目にする」といったように対格は主格にひとしくなります．

もっとやっかいな例もあります（しかも，用法にまでかなり配慮した辞書においても，この点の指示は不徹底です）．たとえば бог「神」はどうでしょうか．「神」は人間でも動物でもないとしたらどうしたものか，ちょっと迷うところですが，活動名詞ということになっています．したがって，「神に祈る」は моли́ть бо́га となります．

では「死人」はどうあつかえばいいのでしょうか．いや，どう扱われているのでしょうか．じつは，「死人」を意味する мертве́ц や поко́йник は活動名詞に属しています．これにたいして，人，動物それぞれの「死体」を意味する труп は不活動名詞です．

女性名詞 ку́кла「人形」の複数形なども，擬人化されやすいこともあって，ви́деть краси́вых ку́кол「美しい人形を見る」のように活動名詞扱いされることが多いようです．

ро́бот「ロボット」は，「他人の言いなりになる人」という転義だけでなく本来の「人造人間」という意味でも活動名詞扱いが一般的になってきました．

Я ви́дела ро́бота впервы́е．　私はロボットをはじめて見ました．

7 ◉ 活動名詞の歴史（語彙から文法へ昇格）

　前述のような活動名詞か否かの「揺れ」は，гéний「天才（の人）」，「天（賦の）才（能）」などのように一語の中に双方の意味を併せもっている場合とか，（魚もふくむ）動物が料理として扱われているか否かなどによっても，見られます．

　また，固有名詞が小説，芝居，オペラ等の題名になっている場合は，たとえば слýшать óперу《Евгéний Онéгин》「オペラ『エヴゲーニイ・オネーギン』を聞く」というのにたいして（題名は主格のまま），óпера をそえないときは слýшать《Евгéния Онéгина》というように題名の人名を活動名詞のかたち（対格＝生格）にする傾向があります．

　おもしろいのは，もっぱら専門家のあいだでだけ活動名詞として使われるケースです．一般には изучáть бактéрии「バクテリアを研究する」と不活動名詞（複数対格＝複数主格）でいうところを，専門家は изучáть бактéрий（＝複数生格）といいます．áтом「原子」なども，ちょっと不気味な感がしなくもありませんが，同様の扱いだそうです．

　言語学者 Ю. ステパノフは，ロシア語において「活動名詞・不活動名詞」というカテゴリーが語彙的な現象（かぎられた語彙にだけ当てはまる）から文法的な現象へと変わっていく段階を以下のように記しています．

① 11 世紀の《Рýсская Прáвда》『ロシア法典』では，対格＝生格の形態をとっているのはもっぱら成人の自由人（男）を意味する名詞であり，奴隷，召使い等の意味の語は，生格とひとしくない古い対格形で用いられていた．

② 12–14 世紀には，成人（男）を意味するすべての名詞が，ことにその者の個性が強調されている文脈においてしだいに対格＝生格形をとりはじめる（第一に固有名詞）．

男性の複数では，対格＝生格の新しい形態が浸透しはじめるのは，やっと13世紀からであり，最初は揺れが見られる．

③　15世紀末から16世紀には，対格＝生格形が女性の人物を示す名詞の複数形にもひろがりはじめ，17世紀にはほぼ定着する．けれども，子どもや動物の名称は古い形態のままである．

④　17世紀末より新しい形態が動物の名称（および幼児の名称つまり дитя́「子ども」のような語）にもひろがる（сын「息子」，дочь「娘」タイプの語はすでに②，③段階で新しい形態を手にしていた）．

結局，以下のように変化してきています．

1.　1）生きているもの，2）人間，3）男性，4）自由人
2.　1）生きているもの，2）人間，3）男性
3.　1）生きているもの，2）人間
4.　1）生きているもの

けれども，北部ロシアやシベリアの方言では，今日でも動物の名称は複数では古い形態（主格＝対格）が用いられています：бьёт зве́ри「獣をしとめる」

民話などにも対格＝主格が見られることがあります．

プーシキンでも，男性名詞 конь「馬」を不活動名詞として扱っているケースが見られます．

現代標準ロシア語では，活動名詞・不活動名詞の区別は，生きているものの名称のほぼすべてにひろがっています．

ちなみに，идти́ в го́сти「客として呼ばれていく」や вы́йти за́муж「（女性が）結婚する」のような表現には，活動名詞扱いされていなかった（すなわち対格が主格に形態がひとしかった）時期の形態が記憶されています．

個数詞＋名詞でも，たとえば Он спроси́л двух студе́нтов.「かれは2名の学生に質問した」のように活動名詞か否かの区別がされていますが，合成数詞の場合は Он спроси́л два́дцать два студе́нта.「かれは22名の学生に質問した」のように，数詞＋名詞は生格にひとしい形態にはなりません．

8 ◉ 男性単数前置格 -у/-ю

男性名詞のうちの不活動名詞のなかには，単数前置格の語尾を2種類もっている語があり，その場合には辞書にかならず明記されています（約100語）．

ただし，2種類とも出てくるのは前置詞が в か на の場合にかぎられます．前置詞 о「～について」のあとでは語尾は -e しか用いません．

語尾の -у(-ю) にはかならずアクセントがきます．

初級では「～年に」というときに用いられる год が代表的なケースでしょう．

В како́м году́ вы роди́ли́сь? あなたは何年のお生まれですか？

多くは1音節の名詞です：бок「脇」, век「世紀」, вид「見ること」, глаз「目」, год「年」, жар「熱」, край「端」, круг「円」, лёд「氷」, лес「森」, лоб「額」, луг「草原」, мёд「蜜」, мост「橋」, нос「鼻」, пар「蒸気」, пот「汗」, рот「口」, сад「庭」, снег「雪」, сок「汁，ジュース」, спирт「アルコール」, цвет「花」, шкаф「タンス」...

2音節以上の語もいくつかあります：аэропо́рт「空港」, бе́рег「岸」, ве́тер「風」, о́тпуск「休暇」, у́гол「角，隅」

-у(-ю) 型は場所を示している場合がいちばん多いのですが，ほかの意味のときもあります．

場所	時間上の 過程や出来事	何かにとっての 基礎・土台	状態・状況
в лесу́	в году́	на меду́	на ветру́
во рту	в отпуску́	на спирту́	на виду́
на берегу́		アルコールに漬けて	в цвету́　花盛り

文体や意味のちがいが関係していることもあります.

в о́тпуске　休暇中に（中立的文体）

в отпуску́　休暇中に（口語的文体）

Никого́ на све́те не полюби́ла бы я.

　この世のだれをも私は愛したりはしないでしょう.

Расте́ния на свету́ хорошо́ расту́т.　光があたると植物はよく育ちます.

＊

-у(-ю) をよく使用する名詞.

1)　身体の部位：бок（в боку́ бо́льно「脇腹が痛い」, лежа́ть на боку́「じっと横になっている」）, глаз（в глазу́ сори́нка「目にごみがはいった」）, лоб（на лбу「額の上に」）, мозг（в мозгу́「脳の中に」）, нос（в носу́「鼻の中に」, на носу́ очки́「鼻に眼鏡をかけている」）, рот（во рту「口の中に」）

2)　種々の空間の名称：аэропо́рт（в аэропорту́）, бе́рег（на берегу́）, край（на краю́ стола́「机の端に」）, лес（в лесу́）, лёд（на льду）, мост（на мосту́）, пол（на полу́「床の上で」）, порт（в порту́「港で」）, снег（в снегу́「雪の中で」, на снегу́ следы́「雪の上に足跡がある」）, сад（в саду́「庭で」）, у́гол（в углу́「隅で」, на углу́「角で」）, шкаф（в шкафу́, на шкафу́）, Дон（на Дону́「ドン川で」）, Крым（в Крыму́「クリミヤで」）

3)　人びとや物の集まり：полк（служи́ть в полку́「連隊に勤務する」）, ряд（стоя́ть в ряду́「列に並んでいる」）

4)　行為, 状態, その他：бой（в бою́「戦闘で」）, бал（на балу́「舞踏会で」）, быт（в быту́「日常生活で」）, пот（в поту́「汗だくで」）

　おなじ前置詞のあとに -у(-ю) 型と -е 型の双方が用いられる場合, 前者は場所や時間, 後者は対象をあらわしていることがあります.

　В лесу́ расту́т грибы́.　森にはきのこが生えています.

　Оле́г зна́ет толк в ле́се.　オレーグは森のことに詳しいです.

9 ◉ ロシア語の人称表現は非能率？

　人称の区別の示し方も言語によってさまざまですが，ロシア語を日本語や英語とくらべた場合に目立つのは，動詞の語尾変化によっても人称が示されるという点です．たとえば дéлать「する，つくる」の現在形は，つぎのように「人称」と「数」で変化します．

	単数	複数
1 人称	я　　дéлаю	мы　　дéлаем
2 人称	ты　дéлаешь	вы　　дéлаете
3 人称	он　　дéлает онá　дéлает онó　дéлает	онú　дéлают

（通常の速さでは，人称代名詞と現在形を合わせて 1 語のように発音する傾向があります．）

　英語の現在形の場合には 3 人称単数以外はおなじであることからすると，ロシア語はずいぶんと面倒な区別をするものだと感じられるかもしれません．能率だけを問題にするならば，人称代名詞なしで動詞の語尾変化だけですますか（現にそのような言語もあります），あるいは英語と同様に人称代名詞だけに頼ればよさそうなものです．一種類の語尾で現在形であることさえ示せば，あとは人称代名詞にまかせておけばいいわけです．

　実際，教科書等を通じて学んだのではなく，ロシア語環境の中にいきなりはいって実践でロシア語を身につけた人のなかには，動詞の語尾変化をほとんどおこなわなかったり，独自の「変化形」でしゃべっているケースも見られます．

ちなみに,『デルス・ウザラー』(黒沢明の映画では「デルス・ウザーラ」)では,猟師デルス・ウザラーが,現在形の代わりに命令形を使っていました.

それでも,コンテクストやシチュエーションの助けもあってなんとか通じるものなのです.これは格変化やアクセントなどの場合にもいえることですが,言語というものは「正しい」形態を用いなくとも「通じる」ことがままあります.それが言語というもののおもしろさでもあります.

見方によっては,「ブロークン」ロシア語を使いこなすほうがはるかにむずかしいともいえます.ただし,そのためにはなによりもまず,それが可能な環境におかれることが必要であり,結局,多くの人はやはり「ただしい」ロシア語からはじめるほかありません.

さて,上記のようにロシア語では人称が動詞によっても示されるわけですが,それは現在形と未来形の場合であって,過去形の場合はつぎのように「性」と「数」で区別され,「人称」の区別はありません.

単数			複数
男性	女性	中性	
дéлал	дéлала	дéлало	дéлали

このように,現在形,未来形の場合には「人称」と「数」で区別され,過去形の場合には「性」と「数」で区別されるという重要なちがいがあります.学習者としては混乱しかねないところです.

過去形は,人称の表現を人称代名詞に頼ることになります.たとえばдéлалだけですと人称が不明であり,「私がした」であればя дéлал,「きみがした」はты дéлал,「かれがした」はoн дéлалと表現されます.

また現在形の場合と同様,ひとりの相手に向かってвыを用いるときは,Вы дéлали ...?といったように動詞は複数2人称になります.

10 ◉ 主語抜きの人称表現

さて実際には，前ページのような「非能率的な」ことがロシア語でいつもおこなわれているわけではなく，ことに面と向かっての対話などでは，以下のような主語抜きの表現がよく用いられます．

Понима́ете?　わかりますか？

Понима́ю.　わかります．

Вы чита́ли газе́ту?　あなた・あなたがたは新聞を読みましたか？

Чита́л / Чита́ла / Чита́ли.　読みました．

また対面でなくとも，一般にロシア語では疑問文にたいして，必要な情報だけ返せばよいので，人称代名詞がでてこないことがあります．

Ви́ктор чита́ет газе́ту?　ヴィクトルは新聞を読んでいますか／ヴィクトルが読んでいるのは新聞ですか？（イントネーションで区別されます．疑問のポイントになっている箇所で上がります．）

(Да,) чита́ет.　（はい,）読んでいます．

(Да,) газе́ту.　（はい,）新聞です．

複文では，主語がおなじ場合，後にきた従属節の主語がよく略されます．この点は英語とちがっています．

Я ча́сто де́лаю оши́бки, когда́ пишу́ упражне́ния.

　　私は，練習問題をやっているときに，よくミスをします．

（ただし Когда́ я пишу́ упражне́ния, я де́лаю оши́бки. というように従属節が先にでていると，通常略しません．）

Он был твёрдо уве́рен, что име́ет по́лное пра́во на о́тдых.

　　かれは休息の権利が十分あることを確信していました．

会話では，つぎのようなケースもよく見られます．

Вчера́ ве́чером я была́ в кино́. Смотре́ла интере́сный фильм.

昨夜私は映画館に行きました．おもしろい映画を見ました．

＊

人称代名詞そのものの用法に関していえば，初級の段階では，英語とくらべた場合，先述のように он や она́ が人や動物以外を指しても使われることと，вы と ты の使い分けが，目新しい点だと思われます．

初級学習書には，入院中の患者に向かって医師が Как вы себя́ чу́вствуете? 「ご気分はいかがですか（どのようにあなたは自分を感じていますか）」とあいさつするシーンが出てくることがあります．このとき，医師は主語を мы に代えて Как мы себя́ чу́вствуем? ということもあります（英語も同様）．患者との一体感を示す「до́кторское «мы»」です．

なお，вы を使う場合，述語の動詞や形容詞短語尾形は実際の数にかかわらず複数形で使われますが，形容詞長語尾形の場合は実際の性や数に一致します．

Вы внима́тельный.［男性・一人］　あなたは親切です．

Вы внима́тельная.［女性・一人］　あなたは親切です．

Вы внима́тельные.［2 人以上］　　あなたがたは親切です．

そのほか，人称代名詞に関しては，その場にいる第三者を話題にする場合に，名（と父称）ではなく он や она́ で示すのは，エチケットに反することも忘れてはなりません．

Вы не зна́ете…?

Вы не ви́дели А́нну?　アンナを見かけませんでしたか？

Вы не зна́ете, где он живёт?

　かれがどこに住んでいるか知りませんか？

会話ではこうした не がよく用いられますが，この場合の не は否定をあらわしているのではありません．не を伴わない文よりもていねい・ひかえめな感じをそえています．

---

11 ◉ 動詞現在形の用法

　初級段階で現在形の用法を学ぶ場合，おそらく不完了体・完了体の区別をまだ習っていないものと思われます．

　またこの時点では，「現在形」に何通りかの用法があることにも，通常はふれません．学習者のほうもそのことをあまり気にすることはなさそうです．おそらく，英語学習の経験からしてさほど違和感がないのでしょう．

　けれども実際には，初級を終えるころになると，不完了体現在形の用法をつぎのように5種類習ったことになります．なかには英語と異なる用法もあります．

1)　話している瞬間に行為がなされている．

　　Сейча́с я чита́ю．　いま私は読書中です．

　　英語なら現在進行形が使われるところでしょうが，ロシア語には現在
　　進行形や過去進行形はありません．

2)　行為が習慣的，規則的におこなわれている．

　　Я всегда́ чита́ю пра́вильно．　私はいつもただしく読んでいます．

　　Мой оте́ц рабо́тает на заво́де．　私の父は工場に勤めています．

　　Она́ у́чится в университе́те．

　　　彼女は大学生です・総合大学で学んでいます．

3)　行為が過去にはじまり，現在もつづいている．

　　Я чита́ю два часа́．　私は2時間読んでいます．

　　Мы давно́ ждём вас．　わたしたちは長いことあなたを待っています．

　　英語なら現在完了形が使われるところでしょう．

4)　能力をあらわしている（ただし，上記の 1, 2, 3 のような意味のときも
　　あります．文脈や状況で判断することができますが，あいまいなこと
　　もあります．）

Я говорю́ по-ру́сски.　私はロシア語を話せます.

Пти́цы лета́ют.　鳥は飛べます.

Он уже́ говори́т по-ру́сски? などとたずねている場合は,「能力」を問うている可能性が高そうですが,もちろんそれ以外の用法の可能性もあります.

5)　近い未来

Магази́н рабо́тает сего́дня до 10 часо́в.

　店は今日は 10 時まで開いています.

Что ты де́лаешь сего́дня ве́чером?　今晩はなにをするの?

Смотрю́ телеви́зор.　テレビを見るよ.

移動の動詞のうちの定動詞にはこの用法がよく見られます.

Сего́дня ве́чером мы идём в теа́тр.　今晩私たちは劇場に行きます.

　そのほか,初級段階では出てきませんが,広義での「史的現在」という用法もあげられます.

Сего́дня я встал по́здно; <u>прихожу́</u> к коло́дцу—никого́ уже́ нет.

　今日私はおそく起きた.井戸のそばに近づいていったが,もうだれもいない.

　不定形は今日では語尾は -ть [t'] が圧倒的多数ですが,もとは -ти [t'i] でした.母音の и [i] が落ちて,現在のような状態になっています.

смотре́ти [smatr'ét'i] → смотре́ть [smatr'ét']

けれども,идти́ などのように語尾にアクセントがあった場合は -ти のままのこっています.

また,мочь は ＜мо́чи＜мо́гти と変遷をたどってきました.最初の形態の名残は現在形や過去形に部分的に見られます.

могу́…мо́гут; мог, могла́, могло́, могли́

---

12 ◉ 移動の動詞

移動の動詞を初級段階でどこまでとりあげるべきかは，学習書によってかなりわかれています．

不完了体	
定動詞	不定動詞
идти́	ходи́ть
éхать	éздить
летéть	летáть
бежáть	бéгать
вести́	води́ть
нести́	носи́ть
везти́	вози́ть
плыть	плáвать
брести́	броди́ть
ползти́	пóлзать
лезть	лáзить
тащи́ть	таскáть
тащи́ться	таскáться
кати́ть	катáть
кати́ться	катáться
гнать	гоня́ть
гнáться	гоня́ться
нести́сь	носи́ться

私が作成した学習書では，まずはこの表の1段目と2段目の定動詞，すなわち идти́「歩いて行く」と éхать「乗り物で行く」をとりあげています．

これらそれぞれに対応する不定動詞 ходи́ть と éздить をとりあげるのは，しばらくあとにまわしています．

全体としては，基本的にこの4語で「移動の動詞」の用法を説明するようにしています．もう少しくわしい教材ですと八段目までとりあげています．それよりも以下の段になると，使用頻度もかなり低くなります．

定動詞と不定動詞の使い分け自体は，さほど学習困難ではなかろうと思われます．ただし，1）定と不定の区別はこれらの動詞のすべての語義においてなされるわけでないこと（たとえば「（雨・雪が）降る」，「上映・上演中である」などの意味の идти́ には定・不定の区別はない），2）接頭辞が付いた段階で定・不定の区別はなくなることは，断っておく必要があります．

けれどもこのように限定しても，定動詞のいくつかの過去形が特殊なのがやっかいです．とくに

идти́ の過去形は複雑です．初級段階では「現在形とは別の語からきていま
す，いわゆる補充法のひとつです．理屈ぬきにおぼえましょう」でいいと
思いますが，歴史上の経過を手短に見ておくことにしましょう．

単数：男性 шёл，女性 шла，中性 шло，複数 шли であり，現在形とまっ
たく接点がありません．しかも，男性形のときの語幹 шё とそれ以外の語
幹 ш が異なっています．

古い形態は шьдлъ，шьдла… でした．当時は弱い母音であった ь と ъ は，
やがてそれぞれ「脱落するか e に変化」，「脱落するか o に変化」となり，
ある段階で шедл，щдла… に変わりました．能動形容詞過去 ше́дший には
その名残が見られます（形容分詞はもっぱら文章語で使われるため，古い
形態がのこりがちです）．

また，дл や тл といった子音連続が л に変っていきます．そうして шел
[ʃél]，шла [ʃlá]… となりました．

その後，13–14 世紀頃に軟子音（ш は以前は軟子音）と硬子音のあいだに
位置する [e] が [o] に変わりました．かくして шёл [ʃól] になったというわけ
です．

移動の動詞の用法にもどりますと，このタイプの動詞にはあとに不定形
がつづくケースがあります（目的を示す）．この場合，格支配は移動の動詞
に合わせます．

Она́ е́дет учи́ться в Санкт-Перербу́рг.

　　彼女は勉学のためペテルグブルグへ向かっています・向かう予定です．

учи́ться に合わせて в Санкт-Перербу́рге としないように要注意です．

目的の内容は通常は что́бы（in order to ～）＋動詞の不定形で示されますが，
移動の動詞や отпра́виться「出発する」，присла́ть「送ってよこす」，посла́ть
「送る」，поста́вить「置く」，сесть「すわる」，лечь「横たわる」，дать「与
える」，взять「取る」その他は，不定形を直接とることができます．

「～へ行った・来た」というときには，不定動詞 ходи́ть「歩いて行く」，е́здить「乗り物で行く」，лета́ть「飛行機で行く」等の過去形だけでなく，быть の過去形も使われますが，そのさい副詞や副詞句にちがいが生じます．その点を再確認しておきましょう．

ходи́ть е́здить	куда́	в теа́тр на конце́рт	к нему́	домо́й	сюда́	туда́
быть	где	в теа́тре на конце́рте	у него́	до́ма	здесь	там

Вчера́ я ходи́ла в библиоте́ку. / Вчера́ я была́ в библиоте́ке.
　昨日私は図書館に行きました．

このように быть を「いる」ではなく「行く」という意味で用いた場合でも，в / на＋前置格のままです．けれども学習者は「行く」という意味につられてか，в / на＋対格にしてしまうことが少なくありません．

быть の場合は未来時制でも「いる」ではなく「行く」という意味でも使えますが，そのときも в / на＋前置格です．
Óсенью он бу́дет у ба́бушки в го́роде.
　秋にはかれは町のおばあさんのところに行きます．
Где вы бу́дете за́втра?　あすはどこへ行きますか?
Бу́ду на конце́рте.　コンサートに行きます．

стоя́ть と лежа́ть

стоя́ть と лежа́ть はそれぞれ第一の語義が人が「立っている」，「横たわっている」であると同時に，モノ（たとえば кни́га「本」）が垂直の状態にあれば стоя́ть，水平の状態にあれば лежа́ть を使う，と習います.

де́рево「木」，стена́「壁」，шкаф「ロッカー」は стоя́ть，ковёр「じゅうたん」，倒れている де́рево などなら лежа́ть になります.

初級段階ではこの原則からそれる例はまず出てきませんが，やがてそれだけでは説明がつかないような例に出くわすことになります.

Посу́да стои́т на столе́.「食器がテーブルに出ています」というときには，стака́ны「（ガラスの）コップ」や кастрю́ли「鍋」だけでなく，таре́лки「皿」や сковоро́дки「小さなフライパン」（つまり，平たいもの）も念頭におかれているそうです.

На столе́ стои́т пе́пельница.「テーブルの上に灰皿がおかれています」という場合も，おそらく水平状態でしょう.

こうした例を踏まえて，стоя́ть は対象が機能を発揮している状態のとき，лежа́ть は本来の機能から切りはなされているかのようなときに用いるとの（仮）説を立てている研究者たちがいます.

ме́бель「家具」には стоя́ть，зо́нтик в шкафу́「ロッカー内の傘」には лежа́ть を使うのも，垂直か水平かよりも機能という視点から説明がつくというわけです.

さらには，Зимо́й все велосипе́ды всегда́ лежа́т у нас в сара́е.「冬にはすべての自転車はいつもわが家の納屋におかれています」といった文では，自転車がころがった状態ではなく立っている（もたれかけられている）可能性もあるとのことです.

13 ◉ 動詞の体（アスペクト）と時制

　たとえば「読む」という意味の читáть（不完了体）と прочитáть（完了体）というペアですと，つぎのような時制の区別があります．

	不完了体	完了体
過去	читáл	прочитáл
現在	читáю	прочитáю
未来	бýду читáть	прочитáю

　このうち，完了体の「現在」，「未来」の扱い方で学習書がわかれています．日本で出ている学習書の多くは（あるいはロシアの学習書でも）以下のように処理しています．

	不完了体	完了体
過去	читáл	прочитáл
現在	читáю	
未来	бýду читáть	прочитáю

つまり，完了体には「現在」はないというわけです．たしかに，初級段階では，テキストに出てくる例などからしても，このほうが便利ともいえます．

　ただ実際には，完了体 прочитáю は未来だけをあらわすわけではありません．прочитáю は，「読んでしまう」という意味をあらわすのであって，時制が未来であることをあらわしているわけではありません．その点を考慮するならば，「完了体現在形」（ないし「完了体現在・未来形」）と呼ぶのが的確なのですが，動詞の内容は「発話の瞬間」よりもあとに実現することからすると「未来形」としておいたところが理解しやすかろうというこ

とでしょう．不完了体の「合成未来」と区別して「単純未来」としている
ケースが多数派を占めています．

　おおまかにいえば，бу́ду чита́ть は完全に未来に属する動作をあらわすの
にたいし，прочита́ю は多くの場合現在とむすびついた未来をあらわしま
す．

　以下に完了体現在の例をあげておきますが，初級段階ではめったに出て
きません．このことも考慮して，初級学習書の多くでは「完了体未来」と
呼んでいるのかもしれません．

• 結果の達成が不可能

Ника́к не найду́ кни́ги.　どうしても本を見つけられません．

• 望ましい行為があらわれない状態

Я кричу́, кричу́, что же ты не отве́тишь?

　こちらがこんなに大声をあげているのに，いったいどうしてきみは返
　事しないんだい？

• 交替していく行為（それらを知覚している瞬間）

Посмотри́те, что де́лает за́яц: то вско́чит, то ля́жет, то переверне́тся, то под-
ни́мет у́ши, то прижме́тся к земле́.

　ウサギがなにをやってるか見てごらん．跳びはねたかと思うと，横た
　わり，ひっくり返ったかと思うと，耳を立て，それから地面に体を押
　しつけているよ．

• 一般的な可能・不可能，不可避，不可欠，希望せざること：всегда́「い
　つも」や никогда́「けっして」を伴うことも多い．

Он всегда́ найде́т вы́ход из положе́ния.

　かれはいつだって状況を打開することができます．

Ма́ло ли что случи́тся в жи́зни.　人生，なにが起こるかわかりません．

По лицу́ не поймёшь, ско́лько ей лет.

　彼女が何歳か，顔からはわかりません．（一般人称文）

14 ◉ 命令形の基本的用法

2人称命令法も，初級学習書では現在形の場合と同様に用法の分類まで
は扱いませんが，基本的用法は以下のようにわけられます.

1) 行為の否定
① не＋不完了体で「禁止」をあらわす

Не говори́ ему́ об э́том! このことをかれに話すな.

Не ходи́те туда́!

あちらに行かないように（Иди́те туда́!「あちらに行きなさい」. 移動
の動詞の場合，否定は不定動詞を用います）.

② не＋完了体で「警告，忠告」をあらわす

Смотри́, не скажи́ ему́ об э́том!

いいか，このことをかれに話すんじゃないぞ.

Здесь ско́льзко, не упади́!

ここはすべりやすいので，ころばないように.

2) 反復・持続する行為（あるいは事実）の遂行の促し（不完了体）

Регуля́рно занима́йтесь у́тренней заря́дкой!

朝の体操を規則的におこなうように.

Пиши́те! 返事を待っています（手紙を書くように）

3) 同時の行為の遂行の促し（不完了体）

Сиди́ и чита́й кни́гу! すわって本を読みなさい.

4) 連続する行為の促し（完了体）

Опусти́те де́ньги и оторви́те биле́т.

お金を入れて，チケットをもぎとるように.

5) 話し手が居合わせていない場での行為の遂行の促し（完了体）

Éсли пойдёшь в библиоте́ку, сдай и мою́ кни́гу.

図書館へ行くなら，私の本も返却して．

Этот расскáз прочитáйте дóма.　この物語は家で読むように．

6)　話し手が居合わせている場での行為の遂行の促し

・完了体：ていねいなお願い，提案

Пожáлуйста, переся́дьте на другóе мéсто.

　どうぞ，別の席へお移りください．

Бýдьте добры́, открóйте окнó.　どうか，窓を開けてください．

・不完了体：行為の開始への促し．行為の性質を変えるための促し

Входи́те, входи́те, не стесня́йтесь.

　さあおはいりください，ご遠慮なく．

Говори́те грóмче, я плóхо слы́шу.

　もっと大きな声で話してください．よく聞こえません．

Читáйте мéдленнее!　もっとゆっくりと読んでください．

7)　行為の許可の求めにたいする同意の表現

Мóжно войти́?　はいっていいですか？

Входи́те.　おはいりください．（不完了体）

Войди́те.　おはいりください．（完了体）

Мóжно взять у вас карандáш?　鉛筆を借りられますか？

Бери́те.　　さあどうぞ．（不完了体）

Возьми́те.　さあどうぞ．（完了体）

　このそれぞれの例については，「不完了体が同意・賛成のニュアンス，完了体が丁寧な許可のニュアンスをもっている」と説明している文献もあります．

　一般に，不完了体は，なすべき行為が話し手，聴き手のあいだで相互了解されていることが少なくありません．（вставáйте「（朝だから）起きなさい」，проходи́те「奥へどうぞ」，сади́тесь「おかけになってください」……）

完了体は「～してしまう」を積極的にあらわす，というふうにひとまず習いますが，実際にはそれだけの説明では納得しがたいようなケースがあります．そのひとつが，初級でも出てくる нра́виться〔不完了体〕，понра́виться〔完了体〕「気に入る」タイプです．

Мне понра́вилось э́то пла́тье．　私はこの服が気に入りました．

Мне нра́вится э́то пла́тье．　私はこの服が気に入っています．

完了体過去は「気に入った」という始まりの瞬間と，そしてその結果が持続していることを示しています．他方，不完了体現在は，чита́ет「読んでいます」「読みます」のように，進行中の動作や一般的動作を示しているわけではなく，すでに気に入っている「状態」をあらわしています．стоя́ть「立っている」，сиде́ть「すわっている」ように静的状態を示す動詞 (これらは不完了しかありません) と区別して，「動的状態」と説明している場合もあります．さらには，体のペアではなく，нра́виться と понра́виться は別々の語であるとみなす立場もあります．

けれども初級段階では，「このようなペアもあります」ということですまし，例文をあげて用法を説明するしかありません．

чу́вствовать – почу́вствовать　感じる

Как вы себя́ чу́вствуете?　ご気分はいかがですか？（感じつつあるという動作よりも感じている状態）

ви́деть – уви́деть「見る」，слы́шать – услы́шать「聴く」，ве́рить – пове́рить「信じる」，каза́ться – показа́ться「見える，思える」などの場合も，同様です．

ся 動詞の発音は現在の規範では，不定形と現在形 3 人称を除き，ся や сь の箇所を軟子音 [s'ə], [s'] として発音するとされています．учи́ться を例にとりましょう．

現在形：учу́сь，у́чишься，у́чится，у́чимся，у́читесь，у́чатся

過去形：учи́лся，учи́лась，учи́лось，учи́лись

以前は，たとえば音声学の権威アヴァネソフの『ロシア語標準発音』（1972）では，つぎのように説明されていました：

まず，現在形 3 人称の単数 у́чится と複数 у́чатся は（今日と同様），最後の 3 文字を［ッツァ ttsə］のように発音しますので軟子音にはなりません．不定形の最後の 4 文字もおなじく［ッツァ ttsə］と発音します．

2 人称単数形 -шься では，шс が 1 つの音になったりはせず，また硬子音が好まれています．つまり [ʃsə]「シサ」となります．

1 人称複数 у́чимся は，硬子音［サ sə］，軟子音［シャ s'ə］，双方ともありえます．

過去男性形 учи́лся では，硬子音［サ sə］が好まれています．古いモスクワ発音で［ウチールサ utʃ'ilsə］だったのが引き継がれています．たとえば副詞 сюда́「こちらへ」も［スダー sudá］と，с を硬子音のように発音していました．今日でもよく耳にします．

べつの著者の本では，л のあとでは硬軟いずれもあるが（учи́лся [sə] / [s'ə]），他の位置では軟子音であると記されています．

そして最近では，不定形 учи́ться，現在形 3 人称の単数 у́чится と複数 у́чатся 以外は，すべて綴りどおりに発音する，すなわち軟子音として発音する傾向が強まっています．

III

形容詞，数詞，代名詞，前置詞

1 ❖ すべての形容詞が短語尾形を もっているわけではない

　初級のある段階で形容詞の短語尾形が登場します．それまでに習った形態以外に短語尾形まであったのか，と学習者はうんざりしかねません．

　そこで少しでもなぐさめになればと，実際にはすべての形容詞が短語尾形をもっているわけでないことを早めに断り，そのことに関する辞書の表記の仕方にもふれておくことが不可欠です．さもないと，すべての形容詞が長語尾形と短語尾形をもっているかのように誤解しかねません．

　красивый [kras'ívɨj], -ая, -ое；красив, -а〚形〛
　русский [rúsk'ij], -ая, -ое〚形〛

красивый「美しい」のように短語尾形を有している場合は，その変化形の一部が長語尾形のあとに記されています．русский「ロシアの」のように長語尾形の語尾しか記されていなければ，短語尾形は有していないということになります．辞書によっては，長語尾形の変化形は記さず，短語尾形があるときにのみ，その変化形をあげていることもあります．

　形容詞全体は，性質形容詞と関係形容詞に大きく二分され，そのほかに数は多くないものの所有形容詞が存在します．このうち，短語尾形（さらには比較級・最上級）をもっているのは性質形容詞の大部分です．

　また，関係形容詞は，性質形容詞ほど語義が抽象化，一般化されておらず，名詞の生格や前置詞＋名詞と同義になることが少なくありません：лунный свет – свет луны「月の光」，серебряная чаша – чаша из серебра「銀杯」．

　短語尾形が補充法でできているケースもあります．большой「大きい」の短語尾形はвелик（← великий）を用います．маленький「小さい」の短語尾形はмал（← малый）です．

なお，軟変化の形容詞 -ний, -няя, -нее, -ние の多くは短語尾形をもっていません．

短語尾形の性・数変化の例として軟変化の си́ний「青い」; синь, синя́, си́не, си́ни をあげている学習書が見られますが，この短語尾形は実際にはさほど使われません．その点からしても，形容詞長語尾形の軟変化の代表例としては си́ний よりも после́дний などのほうが，（多くは短語尾形をもたないという）軟変化の特徴をあらわしていて，適切に思われます．

さて学習書には，形容詞が述語として用いられる場合，短語尾形は一時的特徴，長語尾形は恒常的特徴をあらわすと書かれていることがあります．よく例にあげられるのはつぎのようなケースです．

Он бо́лен.	かれは病気です．
Он больно́й.	かれは体が丈夫でない・ひ弱い．
Он здоро́в.	かれは元気です．
Он здоро́вый.	かれは健康です．

けれどもこのように区別が明示される例は，現在のロシア語ではかなりかぎられています．「一時的」云々は少なくともおもな特徴であるとはいえません．たいていの場合，逆のケースも可能です．

| Он всегда́ ве́сел. | かれはいつも陽気です． |
| Он сейча́с весёлый. | かれはいま陽気です． |

むしろ目立つのは文体のちがいであり，短語尾形はより文語的なニュアンスを伴う傾向があります．論文などでは好んで用いられます．これにたいして口語では，とくに子どもなどの場合は長語尾形しか使わない傾向が見られます．定語としても述語としても使えるからではないでしょうか．

初級段階では，「述語としては長語尾形のほか短語尾形も用いられます」とおぼえておけばよいでしょう．

2 ❧ 短語尾形か長語尾形の いずれかしか使わないケース

まれにですが長語尾形と短語尾形のあいだで語義のちがいが生じるケースもあります．その場合は辞書に明記されています．

Он жив.　かれは生きています．（死んでいない）

Он живо́й.　かれは元気がいいです．（活発である）

また，形容詞のなかには述語として短語尾形しか使われないものもわずかながら存在します．つぎの3例は初級でも出てくる可能性があります．

рад　　　　うれしい（そもそも長語尾形が存在しない）

до́лжен　　～しなくてはならない

гото́в　　　～する用意ができている

до́лжен, гото́в は語義しだいでは長語尾形も使われます．

以下では，述語として短語尾形しか使わないケースをもう少しあげておくことにします．ただし，いずれも初級段階では（あるいは中級段階でも）あまり出くわしません．

1)　過度，不一致

Ко́мната мала́ для та́нцев.　部屋はダンス用には小さすぎます．

Э́та ю́бка мне мала́.　このスカートは私には小さすぎます．

2)　主語が抽象的な意味

э́то「これ」，всё「すべて」，и то и друго́е「両方とも」

Э́то о́чень интере́сно.　これはとてもおもしろい．

3)　主語は名詞だが具体的な対象でなく，ある集合の代表であり，тако́й「そのような」，подо́бный「同様の」，ка́ждый「おのおの」，вся́кий「あらゆる」，любо́й「任意の」などの定語（修飾語）を伴っている．

Тако́й вопро́с правоме́рен.　このような質問は理にかなっています．

Ка́ждый ребёнок тала́нтлив.　どの子も才能豊かです.

4）　あるクラスを意味する名詞

Во́лки жа́дны.　オオカミは獰猛です.

5）　кото́рый, кто などを用いた従属節

мой друг, кото́рый о́чень скро́мен　とてもひかえめな私の友だち

6）　相互の性質:

Э́ти у́лицы паралле́льны.　これらの通りは平行しています.

Бра́тья похо́жи.

　　兄弟は似かよっています.（「たがいに」が念頭におかれている）

7）　強い格支配の形容詞

Я благода́рен друзья́м.　私は友人たちに感謝しています.

8）　語順（述語か定語のいずれなのを区別するため）

Хитёр Никола́й.　ニコライはずるい.

逆に，長語尾形しか使わない（ないし稀用）ケースもあります.

Он пришёл уста́лый.　かれは疲れて帰ってきた.

ただし，この場合の形容詞は述語ではなく定語であるとみなす立場も
あります.

　　長語尾形は，челове́к「人」, мужчи́на「男性」, же́нщина「女性」, де́вушка
「若い女性」, ребёнок「子ども」, де́ло「こと」などを，「連辞」ふうに（省い
ても意味が変わらない語として）使ってもいることがあります.

Он челове́к энерги́чный.　かれはエネルギッシュです.

Она́ же́нщина неглу́пая.　彼女はかなり利口です.

Э́то де́ло не смешно́е.　　これはこっけいではありません.

これらの場合，名詞は早く短く発音される傾向があります:

Он челае́к энерги́чный.

3 ❖ 比較級，最上級

比較・最上級は，ロシア語と英語の双方とも，いわゆる単一式と合成式の形態が存在します．

си́льный「強い」	сильне́е	сильне́йший
strong	stronger	(the) strongest
краси́вый「美しい」	бо́лее краси́вый	са́мый краси́вый
beautiful	more beautiful	(the) most beautiful

けれども，英語では同一形容詞が単一式と合成式の双方の形態をとりうる割合がロシア語にくらべてはるかに低く，たとえば 3 音節以上の形容詞は通常単一式をもちません．

たとえば，ロシア語では краси́вее といえますが，英語では beautifuler とはいいません（ロシア語の場合も，単一式がつくれないものがあります．たとえば дру́жеский「友情あふれる」，делово́й「実務的な」，уста́лый「疲れている」，вя́лый「しおれた」等は単一式がつくれません）．

また，最上級の形成の種類はロシア語のほうが多く見られます．

ちなみに，「とてもすばらしい」の意味で о́чень прекра́сно という表現が使えないのは，прекра́сно の пре- が最上級を示す接頭辞であった時代の名残りです．

私の作成した学習書では，比較級は単一式 -ee（口語では -ей もあり），最上級は合成式 са́мый＋... を優先してあげています．

いずれの理由も，日常的なロシア語での頻度を考慮してのことです．бо́лее を使った合成比較級と，-ейший（-айший）型の最上級は，おもに文章語（公文書，商用文，科学文献など）で用いられます．

合成比較級の場合は比較の対象を接続詞 чем を用いて表現するほかあり

ませんが，単一比較級の場合は名詞・代名詞の生格のみで表現することもできます.

　Антóн óпытнее, чем Мúша. = Антóн óпытнее Мúши.

　　アントンはミーシャよりも経験豊富です.

　単一比較級のアクセントは，ほとんどが短語尾女性形のアクセントの位置とおなじです.

интерéсный「興味深い」：男 интерéсен, 女 интерéсна, 中 интерéсно,
　　　　　　　　　　　　　 複 интерéсны；比較級 интерéснее

нóвый「新しい」：男 нов, 女 новá, 中 нóво, 複 нóвы；比較級 новéе

　ごくわずかですが例外もあります.

здорóвый「健康な」：女 здорóва；比較級 здоровéе

рóзовый「バラ色の」：女 рóзова；比較級 розовéе

　ちなみに，短語尾形にふれた箇所で，большóй「大きい」の短語尾形は велúк（← велúкий），мáленький「小さい」の短語尾形は мал（← мáлый）を用いると記しましたが，比較級の場合はつぎのようになります.

большóй も велúкий も比較級は бóльше（あるいは бóлее）

мáленький も мáлый も比較級は мéньше（あるいは мéнее）

　なお最上級には，「～のうちで一番」という意味の場合と，たんに程度が高いことを示す場合（「きわめて～」）があること，とくに単一最上級は後者の用法が多いことも，要注意です.

　副詞，たとえば бы́стро「速く」も，比較級（単一 быстрée，合成 бóлее бы́стро）を形成するだけでなく，比較級＋生格（быстрée всех「だれよりも速く」）で最上級的な意味をあらわすこともできます.

4 ❖ 性質形容詞ならではの特徴

性質形容詞だけがもっている特徴を少しくわしく見ておきましょう:

1) 短語尾形

дóбрый – добр「善良な」, дóбрая – добрá, дóброе – дóбро, дóбрые – дóбры́.

性質形容詞であっても, 短語尾形をもたないものもあります.

- 名詞から形成され色彩を意味するもの: сирéневый「ライラック色の」（＜сирéнь「ライラック」）その他
- 馬の毛の色: гнедóй「くり毛の」, воронóй「黒毛の」その他
- -л でおわる語幹をもった動詞派生形容詞: лежáлый「たなざらしの」, бывáлый「経験豊かな」その他（動詞過去形と区別がつかないおそれがあるため）
- 接尾辞 -ущ-, -ющ-, -енн- を伴い, 性質が強いことを意味する形容詞: худýщий「やせこけた」, злющий「ひどく獰猛な」, здоровéнный「でっかい」その他

2) 比較級・最上級

дóбрый, добрée (бóлее дóбрый), добрéйший (сáмый дóбрый)

例外は босóй「はだしの」その他. 絶対的に近い特徴をあらわすため.

3) 指小・愛称語, 卑大語

дóбрый – дóбренький (дóбрый の愛称), большóй「大きな」– большýщий「でっかい」

4) -о でおわる副詞

удóбный「快適な」– удóбно「快適に」

ただし, голубóй「空色の, 牧歌的な」などからは形成されない.

5) 接尾辞 -изн-а, -от-а, -ость などを伴う抽象名詞

нóвый「新しい」– новизнá「目新しいこと・もの」, дóбрый「善良な」–

доброта́「善良さ」, молодо́й「若い」– мо́лодость「青春」

接尾辞なしの名詞の例もあります: си́ний「青い」– синь「青み」, глубо́-
кий「深い」– глубь「深部」

6) 反意語の形成

хоро́ший「よい」– плохо́й「わるい」, но́вый「新しい」– ста́рый「古い」,
у́мный「利口な」– глу́пый「愚かな」

性質形容詞に特有のこうした特徴の有無にはかなりばらつきがあります.

	短語尾形	比較級	副詞	副詞との結合	主観的評価の形態	抽象名詞	反意語
бы́стрый「速い」	+	+	+	+	+	+	+
сме́лый「大胆な」	+	+	+	+	−	+	+
внима́тельный「親切な」	+	+	+	+	−	+	+
ве́чный「永遠の」	+	−	+	−	−	−	(−)
дру́жеский	−	+	+	+	−	−	+
далёкий「遠い」	+	+	+	+	−	−	+
жёлтый「黄色の」	+	−	−	+	−	+	−
си́ний「青い」	(−)	−	−	+	+	+	−
ли́шний「余計な」	−	−	−	+	−	−	−
мёртвый「死んだ」	+	−	+	−	−	−	+
холосто́й「独身の」	+	−	−	−	−	−	+
я́ркий「明るい」	+	+	+	+	−	+	+
делово́й「実務的な」	−	+	(+)	+	−	−	−
уме́лый「能力の高い」	−	+	+	+	−	+	+

5 ❖ 形容詞（形容分詞）はどこまで名詞化可能か

形容詞をもとにした男性名詞では，「人物」を示すものが多数を占めています．

больно́й（＝больно́й челове́к）「病人」，взро́слый「大人」，вое́нный「軍人」，ле́вый「左派（の人びと）」，портно́й「仕立て屋」

女性名詞では住居，部屋を示すものが代表的です．

столо́вая「食堂」，гости́ная「客間」，кури́тельная（＝кури́тельная ко́мната）「喫煙室」，приёмная「応接室」，заку́сочная「軽食堂」，ча́йная「喫茶室」，парихма́херская「理髪店，美容院」，учи́тельская「教員室」，де́тская「子ども部屋」，ва́нная「浴室」，душева́я「シャワー室」

ほかに，запята́я「コンマ」，мостова́я「舗装道路」

中性名詞の多くは一般概念をあらわします．

но́вое「新しいこと・もの」，ста́рое「古いこと・もの」，прекра́сное「美，美しきもの」，бу́дущее「未来」，про́шлое「過去」，траги́ческое「悲劇的なこと」，гла́вное「肝心なこと」（このタイプはいろいろな形容詞からほぼ無制限につくられる可能性を秘めており，辞書には頻度の高いものしか収録されていません）

食べ物，薬など，具体的な意味をもつ語もあります．

сла́дкое「スイーツ」，моро́женое「アイスクリーム」，пе́рвое「スープ類」，второ́е「メインディッシュ」，нару́жное「外用薬」

衣服：вое́нное「軍服」，зи́мнее「冬服」，ле́тнее「夏服」；ходи́ть в зи́мнем「冬服を着ている」

動植物の種類（複数で用いられることが多い）：ракообра́зные「甲殻類」，су́мчатые「有袋類」，парнокопы́тные「偶蹄目」；бобо́вые「マメ科」

口語では名詞を省略した形容詞を名詞化した表現が見られます.

ско́рый по́езд – ско́рый	急行
францу́зский язы́к – францу́зский	フランス語
выходно́й день – выходно́й	休日
сбо́рная кома́нда – сбо́рная	選抜チーム
коса́я ли́ния – коса́я	斜線
ма́йские пра́здники – ма́йские	ゴールデンウィーク

　形容詞が名詞化する場合は，男性，女性，中性のいずれかひとつの性で使われるケースが多く見られます．ただし，人間を意味する場合は男性と女性の双方の語をもつものもあります.

больно́й / больна́я　病人（形容詞の長語尾形として用いているのか名詞として用いているのかがあいまいなときもある）

знако́мый / знако́мая　知人

дежу́рный / дежу́рная　当直者

рабо́чий「労働者」の女性形 рабо́чая は，「女性の労働者」として用いる場合は口語的用法とみなされ，一般には рабо́чий の対として рабо́тница が用いられます．ただし，рабо́чая を文体にかかわらず名詞として使用する傾向が強くなってきています.

　複数形しかないものもあります:

「親類」を意味する бли́зкие と родны́е は単数ではあまり使いません．су́точные「日当」, нали́чные「現金」, командиро́вочные「出張旅費」（де́ньги）.

　なかには，портно́й「仕立て屋」, мостова́я「舗装道路」, вожа́тый / вожа́тая「路面電車の運転手」等のように，もとの形容詞として定語的に使われなくなっているものもあります.

　なお，形容詞が名詞化しても，変化は形容詞のままです.

6 ✦ небольшóй：「大きくない」ではなく「小さい」

не が小詞の場合はあとにくる語と分離して書かれるのにたいして，не が
接頭辞の場合はあとにくる語とつづけて，つまり一語として書かれます．
　ただし，この規則は一貫しているわけではありません．

　通常，小詞 не はそのあとにつづいている語が示している意味を「否定」
しています（〜でない）．
　他方，接頭辞 не- は，「否定」している場合と「肯定」している場合があ
ります．もっとも，「肯定」の意味のほうが優勢です．
　ここでは名詞にはふれず，形容詞（やそれから派生した副詞）だけを見て
みましょう．

　関係形容詞の前では，ふつう分離して書かれます．
　не деревя́нный дом　　木製でない建物
　特徴は否定されるだけです．
　性質形容詞や副詞の場合は複雑です．
　初級で出てくる代表例のひとつに небольшóй があります．露露辞典には
「サイズ，容量などがかぎられている」とあり，つぎのような用例があげら
れています．

　　небольша́я кóмната　　　　小さな部屋
　　небольшóй гóрод　　　　　小都市
　　небольшóе расстоя́ние　　短い距離
　　небольшóй рост　　　　　低い身長

　ロシアの小学校などでは，не- が非分離で書かれるのは類義語でおきかえ
られる場合であると教えているようです．たしかに，これらの例なども，
最初の 2 例は мáленький，次は корóткий，最後は ни́зкий といった類義語で

もいえそうです．もう少し例をあげてみましょう．

невесёлый = гру́стный	悲し気な
нехоро́ший = плохо́й	悪い
несме́лый = трусли́вый	臆病な
недалёкий = бли́зкий	近い
недо́брый = злой	意地の悪い

この基準は完ぺきではありませんが，かなり使えそうです．

また，не- が非分離で書かれる語には「適度の〜」といったニュアンスを伴うものもあります．

неста́рый	かなり若い
неглу́пый	かなり利口な
неширо́кий	かなり狭い

会話でよく使われる непло́хо（неплохо́й の短語尾中性形）などもそうです．露露辞典には дово́льно хорошо́「かなりよい」とあります．「悪くない」ではなく，もっと肯定的な意味です．

けれども，ロシア語学習者のなかには辞書で語義を確かめないまま，否定的に，たとえば「悪くはない」と受けとっているケースがよく見られます．プレゼントをわたした相手や留学中に先生などから непло́хо といわれてがっかりした，という話を耳にしたことがあります．

さらには，やっかいなことに，не- が非分離で書かれていても「否定」の意味をおびている場合もあります．

ненау́чный	科学的でない
немузыка́льный	音楽的でない

結局，не- が非分離の新しい語に出会うたびに辞書で用法を確かめるのがいちばん無難ということになりそうです．

7 ❖ литература Япóнии と япóнская литература

「日本文学」という言葉をロシア語に訳すと，名詞＋名詞 литература Япóнии と形容詞＋名詞 япóнская литература の二通りの表現が可能です．
　こうした表現がどこまで可能か見ておきましょう．

1)　語彙面
　名詞＋名詞なら可能でも，形容詞＋名詞が不可能なことがあります．使える形容詞に制限があります．以下のようなケースです．
　①　名詞から当該の意味の形容詞が形成されない
духи́（за́пах духо́в「香水の匂い」にたいして духово́й「熱した空気による」за́пах）
сочине́ние（план сочине́ния「創作の草案」にたいして сочини́тельный「並立的な」план）
иску́сство（произведе́ние иску́сства「芸術作品」にたいして иску́сственное「人造の，合成の」произведе́ние）

　②　意味が異なってくる
коне́ц сча́стья　幸せの終わり
счастли́вый коне́ц　幸せな終わり
центр о́бласти　州の中心（部）・真ん中
областно́й центр　州の（行政・産業・文化上の）中心都市

　③　形容詞が対象と結合しない
вопро́сы учи́теля「教師の質問」は可能だが，учи́тельские вопро́сы とはいわない（けれども зарпла́та учи́телей – учи́тельская зарпла́та「教師の給料」は可能）．

нача́ло весны́「春の始まり」は可能だが，весе́ннее нача́ло とはいわない

（けれども пого́да весны́ – весе́нняя пого́да「春の天気」は可能）.

2)　文法的意味のニュアンスが異なる.

形容詞はより一貫した・普遍的な特徴を示しますが，名詞は一時的ない

し具体的特徴（所属，起源，材料など）を示します.

матери́нская любо́вь – любо́вь ма́тери

前者は，ほんとうの母だけでなくほかの任意の者が（子供にたいしてに

かぎらず）示しうる感情としての（母性）愛であるのにたいして，любо́вь

ма́тери はもっと具体的であり，母がわが子にたいしていだく愛をあらわし

ています.

абха́зское вино́　　アブハジア・ワイン（ワインの種類）

вино́ из Абха́зии　アブハジア産ワイン（生産地）

дверна́я ру́чка　　ドア（用）の取っ手（取っ手のタイプ）

ру́чка от две́ри　　具体的なドアの取っ手

3)　文体の差

名詞＋名詞はどの文体にもありえますが，形容詞＋名詞はときとして口

語的です.

расска́зы Че́хова – че́ховские расска́зы　チェーホフの短篇

ちなみに，Достое́вский のような形容詞型の名詞は，このままの形態で

形容詞としても用いられます（ただし稀用）.

рома́ны Достое́вского – достое́вские рома́ны

　ドストエフスキーの長篇小説

そのほか，所有形容詞を使った се́стрина кни́га「姉妹の本」という表現

も口語で使われますが，通常の文体では кни́га сестры́ のように名詞＋名詞

が用いられます.

8 ❖ 数詞+名詞

1	(оди́н) час	1時	単数主格
2, 3, 4	два / три / четы́ре часа́	2／3／4時	単数生格
5 以上	пять часо́в	5時	複数生格

こうした区別だけでも，すでにかなり面倒です．

年齢や時間をたずねられた場合は，数字だけ返せば通じることもよくありますが，それでも正確なかたちで名詞をそえられるにこしたことはありません．また，оди́н (одна́, одно́, одни́) は「1」の意味ではあまり使わず，名詞だけですませる傾向にあります．単数名詞であることによって「1」を示しているわけで，「1時」は час，「1歳」は год といいます．

数詞と名詞の組み合わせは初級段階では，主格と対格の例のみあげている場合が多く見られます．両者は (1＋女性名詞のとき以外)，おなじ形態です．たとえば，主格で「3時です」というときも，対格で「3時間〜しました」というときも три часа́ ですし，前置詞 в＋対格で「3時に」というときも в три часа́ です．

数詞が品詞として形成されてきた過程は複雑であり，初級段階でとりあげる必要はまったくありません．けれどもほんの少しだけふれておきます．

まず，今日では数詞となっている 1, 2, 3, 4 はもとは「形容詞」でした．関係する名詞と性・数・格が一致していたのです．1 だけはいまもその名残りを残しています．

оди́н челове́к「ひとりの人間」，одна́ кни́га「一冊の本」，одно́ окно́「ひとつの窓」，одни́ са́ни「一台の橇」

主格 оди́н челове́к，生格 одного́ челове́ка，与格 одному́ челове́ку…

2 が два と две という2種類にわかれているのも，名詞との文法的な一致があった時期の名残りです．

また，名詞そのものは，単数形，双数形，複数形（3 以上）といった 3 種類の変化をしていました．

　双数形は，「2」のあとや対のものの表現のさいに使われていました．

　13 世紀あたりから双数は用いられなくなっていきます．そして，たとえば стол「テーブル」のように，単数生格と語尾が一致していた双数の主格（＝対格）стола́ は，やがて単数生格とみなされるようになりました．

　現在の一連の名詞の単数生格が 2 種類あり，アクセントがわかれているのは，双数の名残です．два шага́「2 歩」，два часа́「2 時」と，ни одного́ ша́га「1 歩も～ない」，ни одного́ ча́са「1 時間も～ない」のうち，前者はもと双数です．

　やがて，「2」につづき три, четы́ре も単数生格と結合するようになっていきます．

　また，「名詞」であった時期の пять ～ де́сять はすべての格形態で，複数生格の名詞と結合していました．

　けれども，さまざまな経過を経たのち，「2」以上の数詞は生格，与格，（生格とひとしい場合の対格），造格，前置格で格が名詞複数形と一致する一方，主格（と主格にひとしい場合の対格）では，「2, 3, 4」は単数生格，「5」以上は以前のとおり複数生格を支配するように変化していきます．

　結局，現在では数詞＋名詞は以下のように変化するようになりました．

主	три часа́	пять часо́в
生	трёх часо́в	пяти́ часо́в
与	трём часа́м	пяти́ часа́м
対	три часа́	пять часо́в
造	тремя́ часа́ми	пятью́ часа́ми
前	трёх часа́х	пяти́ часа́х

　初級では，主格（と主格にひとしい場合の対格）以外を使うケースは比較的まれですが，до, о́коло などの前置詞＋生格は，日常的にも出てくる可能性があります．до двух часо́в「2 時まで」，о́коло трёх часо́в「3 時頃」

9 ❖ 所有代名詞 свой

ロシア語では，そもそも所有代名詞は英語ほど用いません.

Она́ закры́ла глаза́.　　　She closed her eyes.

Я взял мою́ кни́гу.「私は私の本を手に取りました」とか Он опусти́л его́ го́лову.「かれはかれの頭を垂れました」というような，所有代名詞を伴う表現は，むしろまれです.

また，英語なら my, your 等の所有代名詞が使われる場合に，ロシア語では所有代名詞 свой がよく使われます.

свой の基本的な用法を見てみましょう.

まずは，動作主に対象が属している場合に用いられます.

Я взял свою́ кни́гу.　私は自分の本を手に取りました.

мою́ ですと，「ほかならぬ私の」が強調されているのがふつうです. ただし口語では使用機会がふえてきているとの記述もあります.

Ты взял свою́ кни́гу.　　твою́ はそれほど使いません.

Вы взя́ли свои́ кни́ги.　　ва́ши はそれほど使いません.

Он взял свою́ кни́гу.　　его́ は主語と別人の「かれ」を指すのがふつう
　　　　　　　　　　　　です.

Студе́нт испра́вил свои́ оши́бки.　学生は自分のミスを訂正しました.

Студе́нт испра́вил его́ оши́бки.　学生はかれのミスを訂正しました.（この
　　場合の「かれ」は主語の学生とはべつの人物を指しています）

この使いわけはジャーナリスト向けの手引きなどにもよく書かれていますが，実際には文脈などに依存して его́, её, их などですましているケースが見られます.

また一般に，свой は主語を修飾しません．

Егó статья́ интерéсна.　かれの論文は興味深い．

Он говори́т, что егó сын у́чится в университéте.

　かれは息子は大学生だといっています．

Свой сын у́чится в университéте. とはいわず，Мой сын у́чится в университéте. といいます．「私の息子は大学生です」．

「独自の」や「自分の所有の」という意味では主格を修飾することもあります．

У аспирáнта есть своё мнéние по э́тому вопрóсу.

　大学院生はこの問題に関して自分の意見をもっています．

У них есть свой сад.　かれらは自分たちの庭をもっています．

目的語と不定形が伴っている場合は свой が指している人物があいまいなことがあります．

Профéссор попроси́л ассистéнта прочитáть свой доклáд.

　教授は助手に自分（助手）の報告を読むよう頼んだ．

Профéссор попроси́л ассистéнта прочитáть егó доклáд.

　教授は助手にかれ（教授）の報告を読むよう頼んだ．

複文に書き換えるなどの工夫が必要なケースも見られます．

Профéссор потрéбовал от коллéг бóльшего довéрия к свои́м ученикáм.

　教授は自分の弟子たちをもっと信頼するよう同僚たちに要求しました．

このままでは，教授の弟子なのか同僚の弟子なのかがあいまいです．

Профéссор потрéбовал от коллéг, чтóбы они́ бóльше доверя́ли свои́м ученикáм.

　同僚たちの弟子ということになります．

Профéссор потрéбовал от коллéг, чтóбы они́ бóльше доверя́ли егó ученикáм.

　教授の弟子ということになります．

10 ❖ 前置詞 в と на（1）

　前置詞 в は「～の中」，на は「～の上・表面」をあらわすのが基本的意味とされており，стол「机」，тетра́дь「ノート」，буты́лка「びん」，чемода́н「スーツケース」，шкаф「戸棚，ロッカー」，конве́рт「封筒」などは，いずれの前置詞も使われます．たとえば в тетра́ди ですと，ノートの中の何ページ目かに文字などが書かれていたり，紙がはさまれているようなケースであるのにたいして，на тетра́ди ですと，ノートの表紙に文字などが書かれていたり，何かがおかれているようなケースを指しています．

　ただ，中か上かではなく「～で」というように場所だけあらわす場合は，英語の in, on, at などもそうですが，в と на の使い分けは基準があいまいです．初級段階でも，「大学で」は в университе́те なのに，「郵便局で」は на по́чте といったような例が出てきます．

　その点にふれるまえに，в と на の両方が使われる語をもう少し見ておくことにしましょう．

　в углу́ と на углу́：у́гол には「部屋の隅」という意味と，建物を外側から見た場合の角という意味がありますが，前者は в углу́，後者は на углу́ であらわされます．

　в авто́бусе と на авто́бусе：「バスの中で」という意味では в авто́бусе ですが，「バスで行く」というときには на＋前置格を（あるいは в＋前置格も）使います．

　авто́бус「バス」，маши́на「車」（＝автомоби́ль），трамва́й「路面電車」，электри́чка「電車」，тролле́йбус「トロリーバス」，по́езд「列車」，парохо́д「汽船」，самолёт「飛行機」などは，前置詞なしの造格でも移動の手段を示すことができます．

　В Москву́ мо́жно е́хать по́ездом и́ли лете́ть самолётом.

モスクワへは列車あるいは飛行機で行くことができます.

格変化しない метро「地下鉄」や такси「タクシー」は на＋前置格を使うしかありませんが, 格変化する велосипед「自転車」, мотоцикл「オートバイ」などのような主として個人使用の乗り物も на＋前置格しか使いません.

初級では「移動の手段」は на＋前置格による表現が一般的ですが, 実際には автобус, трамвай, троллейбус, поезд, электричка, самолёт その他での移動は в＋前置格でもあらわされることがあります. 通常, на＋前置格は移動方法を強調しているのにたいして, в＋前置格は移動手段の内部にいることに注目しています.

в руке と на руке: 前者は「手ににぎっている」, 後者は「腕に抱えている・のせている」状態を指しています. おおまかにいって, 英語の hand と arm の区別に対応しています.

Что у тебя в правой руке?　きみは右手に何をもっているの？

Она держала ребёнка на руках.　彼女は腕に子どもを抱いていました.

в небе と на небе: 星, 太陽, 雲などが空にあるときは両方の前置詞が用いられるのにたいし, 飛行機や鳥の場合は в＋前置格だけが用いられます.

в море / реке / озере と на море / реке / озере:「海, 川, 湖の岸辺・ほとりにいる・ある」の意味では на＋前置格が使われます. 水上に浮かんでいる場合も на＋前置格です.「そこ（たとえば黒海）に～が生息している」という場合は в＋前置格になります. 水中や水面下を指している場合も в＋前置格です.

тарелка「皿」などは, 深い場合は в, 浅い場合は на という使い分けもあります.

ちなみに, в / на＋対格で「～へ向かう」などの動作の着地点を示す場合, 逆の「～から」は из / с＋生格が用いられ, в には из, на には с が対応しています. ただし кресло「肘掛け椅子」の場合は,「～にすわる」は в＋対格であるのにたいして,「～から立ち上がる」は с＋生格を使います.

11 ◈ 前置詞 в と на (2)

「表面」か「内部」かでは説明できないケースをもう少し見ておきましょう. 初級ではつぎのような例に出くわす可能性があります. 以下では前置格の例をあげますが, 対格の場合もおなじ前置詞が用いられます.

на по́чте「郵便局で」, на заво́де「工場で」, на вокза́ле「駅で」

これらは, 以前は建物という観念とむすびついていなかった語です. по́чта は, ポーランド語からの借用語であり, イタリア語の posta「停留所, 駅遞」にさかのぼります. заво́д, вокза́л は, 職務や建設物を伴った一定の土地と考えられていました.

これにたいして, в магази́не「店で」, в учрежде́нии「施設で」, в мастер-ско́й「仕事場で」は, магази́н, учрежде́ние, мастерска́я 用の建物内部があきらかに念頭におかれています.

ただし, こうした基準は教育機関に関してはうまく使えません. たとえば教育施設 (全体) を名指すときは в が用いられます.

в институ́те「研究所・単科大学で」, в университе́те「(総合) 大学で」, в шко́ле「学校で」, в те́хникуме「中等技術専門学校で」, в учи́лище「専門学校で」

他方, 学部や学科, (大学の) 学年, 講座などは на を用います:

на факульте́те「学部で」, на отделе́нии「学科で」, на ку́рсе「学年で」, на ку́рсах「講座で」(ただし в тре́тьем кла́ссе「小学 3 年で」. класс が「教室」という意味ももっていることが影響している可能性).

おそらく, これらは一定の建物という観念とむすびついていないためであろうとされています.

А что но́вого у нас на факульте́те?

で，私たちの学部でなにか変わったことはありますか？

仕事や学習，上演などの過程も на であらわされます．

на рабóте「職場で」，на учёбе「学習時に」，на лаборатóрных заня́тиях「実験室の授業で」，на лéкциях「講義で」，на семинáре「ゼミで」，на ци́рковом представлéнии「サーカスの上演で」，на Олимпи́йских игрáх「オリンピック大会で」，на óпере «Аи́да»,「オペラ『アイーダ』で」，на балéте «Щелку́нчик»「バレエ『くるみ割り人形』で」

ただし，建物内にいることが強調されていれば в になります．

быть в теáтре, в кинó, в ци́рке.「劇場／映画館／サーカス場の中にいる」

また職業用語としては，рабóтать на теáтре「劇場で働く」と表現する一方，выступáть в концéрте「コンサートに出演する」であったりもします．теáтр の場合は 19 世紀までは「舞台」の意味で使われていたことも関係しているものと思われます．

都市，村，地方区画，州，共和国，国，大陸は в が用いられます．

в Москвé「モスクワで」，в Бори́совском райóне「ボリソフ地方で」，в Тверскóй óбласти「トヴェリ州で」，в Росси́и「ロシアで」，в А́нглии「イギリスで」，во Фрáнции「フランスで」，в Япóнии「日本で」，в Амéрике「アメリカで」，в А́фрике「アフリカで」

на Ку́бе「キューバで」，на Филиппи́нах「フィリピンで」のように，島嶼国の場合には в ではなく на が使われると説明されていますが，基準はあいまいです．日本やインドネシア，アイスランドは в です．

ちなみに，1930 年頃からは на Украи́не が定着していた「ウクライナで」は，1991 年にウクライナが独立して以降，政治的理由がからんで в か на かで激しくゆれています．前置詞がここまで政治問題化しているケースはかなりまれではないでしょうか．

12 ❖ до「〜まで」（時間表現）

до утра́「朝まで」, до 3 часо́в「3 時まで」, до обе́да「昼食まで, 午前中」
といった表現は, それぞれ「朝」,「3 時」,「昼食」がくる前までという意
味です.

Вчера́ я занима́лся до рассве́та.

　昨日私は夜明けまで勉強しました.（夜が明けるとやめた）

Ма́ма расска́зывала, что я не говори́л до 3-х лет.

　母が話していたところによると, 私は 3 歳までしゃべれませんでした.
　（3 歳からはしゃべれた）

　このように（日本語も同様かもしれませんが）時間を表現するときの до
＋生格「〜まで」はややあいまいなときがあります. ロシア語では, 年,
世紀などのような長めの単位になってくると話はべつですが, 短い時間単
位のときは「〜まで」をあらわすのにもうひとつの表現 по＋対格も用いら
れます.

Я бу́ду в о́тпуске до пя́того ма́я.

Я бу́ду в о́тпуске по пя́тое ма́я.

日本語に訳すといずれも「私は 5 月 5 日まで休暇をすごす予定です」と
なりそうです. けれども, 前者ですと休むのは 4 日までであり 5 日はふく
まれていません. 後者ですと 5 日はまだ休む予定です.

　となると, この使い分けは要注意ということになりそうですが, 実際に
は, по＋対格は情報の正確さが求められるビジネスや役所の文体で用いら
れることがふつうであり, 初級では出てこないかもしれません.

Оте́чественная война́ продолжа́лась с 1941 по 1945 год.　祖国戦争は 1941
　年から 1945 年までつづいた.（1945 年 5 月 8 日に終戦）

世紀など長期の時間になってくると（ときには年，まれには月も），до＋生格と по＋対格の区別はなくなり，前置詞の後にくる名詞があらわしている時期がふくまれていることもいないこともあります．до＋生格のほうが多く使われる傾向にあります．

Не́которые жи́тели Га́ны до 1076 го́да испове́довали христиа́нство. По́сле 1076 го́да они́ бы́ли вы́нуждены отре́чься от пре́жней ве́ры и приня́ть исла́м.

ガーナの住民のなかには 1076 年までキリスト教を奉ずる者もいました．1076 年後かれらは以前の信仰を放棄し，イスラム教を受け入れることを余儀なくされました．（この場合は до 1076 го́да が по 1076 год と同義になっている，すなわち 1076 年にはまだイスラム教を受け入れていなかった）

「〜まで」は，前置詞の к や пе́ред でもあらわされます．

к＋与格には，「ぎりぎり〜までには，〜近くに」といったニュアンスが伴います．

Я обеща́л зако́нчить э́ту рабо́ту к шести́ часа́м.

私はこの仕事をなんとか 6 時までにはやりおえると約束しました．

この場合に до＋生格を用いると，ただ締め切りを示しているだけの感じになります．

пе́ред＋造格は，「直前に，少し前に」をあらわします．

Мо́йте ру́ку пе́ред едо́й.　食事の前に手を洗いなさい．

пе́ред は，出来事や現象をあらわす語彙とともによく使われます．

пе́ред ле́кцией「講義の直前に」，пе́ред зачётом「テストの直前に」，пе́ред сном「寝る前に」，пе́ред войно́й「戦争がはじまる直前に」（до войны́「戦前」）

　前置詞のうしろに３人称の人称代名詞がくるとき，人称代名詞の先頭に н がくる場合があります．初級段階で出てくる前置詞の場合，ほぽすべてがそのようになります．

　в него́, в неё, в них, к нему́, к ней, к ним, с ним, с ней, с ни́ми, у него́, у неё, у них, …

　この源は，そのむかし，前置詞 в, к, с が въ н, къ н, съ н という形態だったことにあります．前置詞＋人称代名詞は，въ н его, къ н ему, съ н имь という結合でした．やがて н が名詞の側に付くように移動したのです．

　въ него, къ нему, съ нимь

　当時，въ, къ, съ という前置詞があったことも影響しました．

　въ, къ, съ の ъ は，現在では音価なしの硬音記号と化していますが，もとは弱い母音でした．

　時を経るうちにこの ъ は，これらの前置詞と組み合わさる語との関係（アクセントや音）しだいで，発音されなくなるか，о に変化します．

　現在，これらの前置詞が в, к, с という形態以外に，まれに во, ко, со という形態をもっているのはその名残りです（во вто́рник「火曜日に」，ко мне「私のところへ」，со вку́сом「趣味がよい」）．

　やがて，のこりの前置詞も「類推」で，このパターンにならうようになっていきます．

　у него́「かれ・それのところ・そばには」，от него́「かれ・それから」

　ただしのちに派生した前置詞ですと「類推」は及んでいません．благодаря́ ему́「かれ・それのおかげで」，согла́сно ей「それに従って」

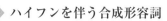

　ハイフンでむすばれた合成語（おもに形容詞，名詞）のなかには，辞書を引いても載っていなかったり，わかりにくいものがあります（合成形容詞にはハイフンなしのものも数多くあり，その有無の基準は複雑です）.

　ру́сско-япо́нский　ロシア語・日本語の

　исто́рико-филологи́ческий　史学および文献学の

　これらは2つの形容詞が対等にならんでいるだけです（ただし前者のほうは ру́сско-япо́нский слова́рь となれば，ロシア語を日本語で説明している辞書であって，和露辞典ではないことを示してます. そのことからすれば，順番をあらわしていることになります）.

　исто́рико-материалисти́ческий　史的唯物論の

　この場合は истори́ческий материали́зм「史的唯物論」という語結合がまず存在していて，そこから形容詞ができたと考えられます.

　また фи́зико-хими́ческий ですと，「物理および化学の」と「物理化学 физи́ческая хи́мия の」という二つの意味があります.

　さらにやっかいなのはつぎのようなケースです.

　исто́рико-литерату́рный，исто́рико-культу́рный，

исто́рико-филосо́фский

　これらは，「歴史と文学の」，「歴史と文化の」，「歴史と哲学の」でも「史的文学の」，「史的文化の」，「史的哲学の」でもありません.「文学史の」，「文化史の」，「哲学史の」という意味です. исто́рия литерату́ры，исто́рия культу́ры，исто́рия филосо́фии の形容詞なのです.

　культу́рно-истори́ческий も「文化史の」という意味です.

　литерату́рно-худо́жественный は худо́жественная литерту́ра「（純）文学」からできています. これはまれなケースといえるかもしれません.

IV

文章表現の特徴

1 ✳ быть の「現在形」

ロシア語では，быть の「現在形」はさほど使われません．

過去時制でも未来時制でもないことを，ゼロ記号でもってあらわしているわけです．

過去　Я был до́ма.　　私は家にいました．

未来　Я бу́ду до́ма.　　私は家にいるでしょう．

現在　Я до́ма.　　　　私は家にいます．

初級段階で быть の「現在形」есть が使われる代表的なケースは，「所有」の表現です．

У меня́ есть дом.　　私は家をもっています．（私のところには家がある）

ただし，表現の目的が「所有」ではなく「性格付け」の場合，есть「ある」は用いません．

У меня́ хоро́ший дом.　　私の家はすてきです．

所有と性格付けの区別があいまいなことがありますが，たとえば У неё есть прекра́сный дом. のように，есть があれば「彼女はすばらしい家をもっています」というように所有をあらわしています．

すなわち，есть があらわれるのは，ほかならぬ есть が伝達の中心になっているときです．

またしたがって，所有・存在があきらかなときなどは，У него́ голубы́е глаза́.「かれの眼は青い」，В до́ме высо́кие потолки́.「家の天井は高い」というように，通常 есть はあらわれません．

けれどもときには，存在していることがわかっていても二通りの表現が

ありえます.

Около дóма парк.

Около дóма есть парк.

それぞれに相応してつぎのような否定表現が可能です.

Около дóма не парк, а пустырь.

　家のそばにあるのは公園でなく空き地です.

Около дóма нет пáрка.　家のそばには公園がありません.

В клáссе спосóбные учáщиеся.

　このクラスでは生徒は優秀です.（すべての生徒が優秀）

В клáссе есть спосóбные учáщиеся.

　このクラスには優秀な生徒がいます.（成績の悪い生徒もいる）

対象でなく出来事・状態をあらわす名詞の場合も есть はあらわれません.

У негó грипп.　　　かれはインフルエンザにかかっています.

У них пожáр.　　　かれらのところは火事です.

У неё рáдость.　　　彼女は喜んでいます.

У меня кáшель.　　　私は咳が出ます.

У Ивáна операция.　イヴァンは手術を受けています.

　これらは，存在をあらわしているのではなく，人（モノ）とその特徴をあらわしており，言い換えが可能なときがあります.

У неё рáдость.　彼女は喜んでいます.

Онá рáдуется

Онá рáда

Ей рáдостно.

У неё кáшель.　彼女は咳をしています.

Онá кáшляет

2 ❋ есть を用いない例

есть なしですますケースをもう少し整理しておきましょう.

1) さまざまな出来事, 行為（ふつうは時間的限界あり）, 行事などをあらわしている場合. сейчáс「いま」, сегóдня「今日」, зáвтра「明日」, скóро「まもなく」等といっしょに使われやすい.

У негó сегóдня (зáвтра, скóро) урóк.

　かれは今日（明日, まもなく）授業です.

лéкция「講義」, экзáмен「試験」, сéссия「試験期間」, канúкулы「（通例学校・大学の）休暇」, консультáция「（教員による学生への）指導」, контрóльная рабóта「（単元ごとの）確認テスト」, перемéна「休み時間」, перерúв「休み時間」, конферéнция「学術会議」, собрáние「集会」, доклáд「報告」, приём「面接」, операция「手術」, тренирóвка「トレーニング」, командирóвка в Петербýрг「ペテルブルグへの出張」, экскýрсия「遠足」, день рождéния「誕生日」, óтпуск「（社会人の）休暇」, свáдьба「結婚式」

　これらは「講義一般」,「試験一般」等を抽象的に指していることが多いのですが, 特定の具体的な講義を念頭においたときには У вас есть лéкция сейчáс?「いま講義がありますか?」などともいいます.

　「私は（いま）時間があります」といった具体的な状況では, У меня есть врéмя. といいます.

2) さまざまな状態, 状況をあらわしている場合. 初級学習書では,「どのような病気にかかっている」かをいう場合などが代表例です.

У негó кáшель.　　かれは咳をしています.

рáдость「喜び」, большáя удáча「大成功」, счастлúвая судьбá「幸運」, хорóшие отношéния с родúтелями「両親との良好な関係」, интерéсная жизнь

「楽しい人生」，го́ре「悲しみ，不幸」，несча́стье「不幸」，температу́ра「熱」，давле́ние「高血圧」，на́сморк「鼻水」，грипп「インフルエンザ」，анги́на「扁桃炎」，неудо́бное расписа́ние「具合の悪い時間割・時刻表」

3）　各人に特徴的な外的・内的特徴をあらわしている場合．定語を伴います．

　У него́ прия́тная вне́шность.　かれは魅力的な外見をしています．

пра́вильные черты́ лица́「顔の端正な輪郭」，мо́дная причёска「流行の髪型」，спорти́вный вид「スポーツマンらしい姿」，равноду́шный взгляд「冷淡な眼差し」，хоро́шее зре́ние「よい視力」，отли́чное здоро́вье「すぐれた健康」，хоро́шая па́мять「よい記憶」，хоро́шее настрое́ние「よい気分」，хоро́шее произноше́ние「よい発音」，пра́вильная речь「正しい言葉遣い」

　具体的な対象を示していることもあります．たとえば У нас бассе́йн. は，その人がプールに出かけようとしていることを意味します．

　つぎのようなニュアンスのちがいを指摘する見解もあります．

　У него́ есть но́вый га́лстук.

　У него́ но́вый га́лстук.

「前者では新しいネクタイを所有しているという事実のみが表現されており，しかもネクタイが所有者とは独立して考えられている．この文では，ネクタイが存在するが，現在はたとえばロッカーなどにかけられている．2番目の文は，このネクタイをいま身につけており，それが外見のいわば一部となっている」．

　また，「兄弟がいる」といった類の表現（人・動物）は，純粋な所有でもなければ，外見でもありません．そのため，У него́ брат. と У него́ есть брат. の双方がありえます．後者は存在を強調しているのにたいして，前者はたとえば У него́ брат и́ли сестра́? などへの答えとして出てきます．

3 ❋ 主語のない文

Вы чита́ли кни́гу?「本を読みましたか？」という問いにたいして Чита́л.「読みました」と答えるように，主語抜きの表現が対話などで用いられる場合があることは，すでに見ました．こういった「省略」以外にも，ロシア語では英語にくらべて主語なしの表現が相当に多いことにお気づきでしょう．ここでは，ロシア語の主語（主格で示される）なしの文に英語や日本語のどういった文が対応しているかといった点を，手短かに見ておきます．

1)　形容詞の短語尾中性形を述語とした無人称文

　形容詞の短語尾中性形のなかには，主語を伴う文の述語として以外に（例：Не́бо хо́лодно.「空は寒々としている」），副詞や，無人称文の述語としても用いられるものがあります．

　Хо́лодно. —It is cold.　—寒い．

　この場合，英語では主語 (it) があらわれます．

　誰が「寒い」と感じているかを示したいときは――他のタイプの無人称文も同様ですが――，（文法上の主語ではなく意味上の主体をあらわす）与格が用いられます．

　Мне хо́лодно. —I am cold.　—私は寒い．

　この例では，英語の主語に日本語の「は」が対応していますが，こういった「は」や「が」と主語との対応の度合は，ロシア語の場合，英語とくらべるとかなり低くなっています．

　В ко́мнате хо́лодно. —The room is cold.　—部屋（の中）は寒い．（Ко́мната холо́дная.「部屋には暖房装置が備わっていない」）

2)　無人称動詞（ないし無人称として用いられた動詞）を伴う無人称文

　Ему́ хо́чется поговори́ть с ва́ми. —He wants to speak to you.　—かれはあな

たと話したがっています．（Он хо́чет поговори́ть с ва́ми. は主体の意志にもとづいていますが，無人称文は意志に関係なく「〜したくてたまらない」といったニュアンスが伴います．人称文よりひかえめ）

3）　пора́, жаль タイプの語を述語とした無人称文

Мне жаль его́. —I am sorry for him.　—私はかれを気の毒に思います．

4）　不定形を述語とした無人称文

Мне е́хать. —I must go.　—私は行かなくてはなりません．

このタイプでは，英語の場合も主語があらわれない場合がありえます．

Что де́лать? —What to do / What to be done?　—何をすべきか？

5）　「存在の否定」の無人称文

В библиоте́ке нет ру́сских книг. —There are no Russian books in the library.
　—図書館にはロシア語の本がありません．

以上は無人称文の例ですが，主語なしの文として初級段階で出てくるもうひとつの代表的な種類に，Как вас зову́т? のような不定人称文があります．不定人称文は，英語ならば受動態で表現されるような場合によく使われます．総じて，受動態は英語においてはロシア語よりもひろく用いられます．英語ならば受動態で表現するところを，ロシア語では受動態だけでなく不定人称文や無人称文，さらには語順などで表現します．

たとえば The child is washed by the nurse. は，ロシア語では Ребёнка мо́ет ня́нька. と「対格＋述語動詞＋主格」といった語順でよくあらわされます．

主語抜きの表現としては，このほか，一般人称文と呼ばれる種類の文もあげられます（述語動詞は単数 2 人称になります）．

Ти́ше е́дешь, да́льше бу́дешь. —The less we hurry, the more likely we are to succeed in achieving our aim.　—急がばまわれ．

4 ✳ 無人称文の述語

無人称文の述語についてもう少し見ておきましょう.

1) あらわす内容からすると, おおまかにつぎのようにわけられます.

　① 人の身体的・心理的状態

Мне тепло́.　私は暖かい.

Ребя́там там бы́ло ве́село.　子どもたちはそこで楽しそうでした.

　② 可能・不可能, 許可・禁止, 必要

Мо́жно войти́?　はいることは可能ですか？／はいってもいいですか？

Здесь нельзя́ пройти́.　ここを通り抜けることはできません.

Мне ну́жно отпра́вить телегра́мму.　私は電報を打つ必要があります.

　③ 主体の行為に対する評価

(Вам) кури́ть вре́дно.　タバコを吸うのは体によくありません.

Гуля́ть по вечера́м поле́зно.　毎晩散歩するのは体にいいです.

Встава́ть ещё ра́но.　起きるにはまだ早いです.

　④ 自然や環境の状態

На дворе́ бы́ло хо́лодно.　外は寒かった.

В ко́мнате ду́шно.　部屋は蒸し暑い.

2) 過去や未来をあらわすときには бы́ло「～だった」(ないし ста́ло「～に
なった」), бу́дет が使われます. 現在時制は連辞なしです.

Сего́дня моро́зно и со́лнечно.　今日は冷えこんで日差しが明るい.

Вчера́ бы́ло моро́зно и со́лнечно.

　昨日は冷えこんで日差しが明るかった.

Вчера́ ста́ло моро́зно и со́лнечно.

　昨日は冷えこんで日差しが明るくなった.

За́втра бу́дет моро́зно и со́лнечно.

　明日は冷えこんで日差しが明るいでしょう.

3)　　主体の人間は与格で示されます.

Ему́ бы́ло сты́дно.　かれは恥ずかしかった.

Мне ну́жно ко́е-что сказа́ть вам.

　私はあれやこれやあなたに話さねばなりません.

こうした与格は，通常，文頭にきます.

自然や環境の状態の表現の場合は，主体を示すことはまれです.

Бы́ло светло́ и ти́хо.　明るくて静かでした.

За́втра бу́дет о́чень жа́рко.　明日はとても暑いでしょう.

通常，このような文は場所や時間の副詞（句）を伴います.

В лесу́ бы́ло сы́ро.　森はじめじめしていました.

　形容詞を述語とする文はその人の特徴をあらわしているのにたいして，無人称文は人の「状態」をあらわしています.

Ири́на весёлая / весела́.　イリーナは陽気な人です.

Ири́не ве́село.　イリーナは（いま）楽しい気分になっています.

Ири́на сейча́с / сего́дня весела́. と無人称文 Ири́не сейча́с / сего́дня ве́село. のように，時間的限定（「いま」，「今日」）をそれぞれにそえている場合は，形容詞短語尾形の文も「性質」というより「状態」に移行しているともいえなくはありません. ただし，無人称文とはちがって，あたかも「脇から」見ているようであり，外面をとらえているといったニュアンスが伴います.

　Он ве́сел, но ему́ во́все не ве́село.

　　かれは陽気に見えるが，けっして楽しい気分ではない.

---

5 ✻ мо́жно と мочь

мочь という動詞や мо́жно, нельзя́, возмо́жно, невозмо́жно などの無人称
文の述語を用いた構文は，可能・不可能をあらわしますが，行為の完遂が
主体自身に依存している場合は мочь を伴う構文，そうでない場合は мо́жно,
нельзя́, возмо́жно, невозмо́жно を伴う無人称文を用います．

Я могу́ реши́ть зада́чу. 私は問題を解けます．（解決は私の能力しだい）

Э́ту зада́чу мо́жно реши́ть.

　この問題は解けます．（課題は解答を有している）

мо́жно (нельзя́) や могу́ (не могу́), мо́жешь (не мо́жешь)...を用いた構文は，
可能・不可能以外に，行為の許可や禁止もあらわします．可能・不可能の
意味の構文と許可・禁止の意味の構文は，ときには不定形の体で区別され
ます．前者は完了体，後者は不完了体です．

Э́ту зада́чу мо́жно (нельзя́) реши́ть. この問題は解けます（解けません）．

　（可能・不可能をあらわしている）

Э́ту зада́чу мо́жно (нельзя́) реша́ть.

　この問題を解いていいです（解いてはいけません）．

　（行為自体をおこなうことが許されている・禁止されている）

Вы мо́жете не реши́ть зада́чу. あなたは問題を解けないかもしれません．

Вы мо́жете не реша́ть зада́чу. あなたは問題を解かなくてもよろしい．

　（行為をおこなわないことへの許可）

ただし，許可の意味の構文と可能の意味の構文が，いずれも完了体の不
定形をふくんでいることもあります．この場合，許可の意味の構文にはふ
つう主体が示されています．

Нам мо́жно войти́ сюда́.

私たちはここへはいっていいです．（許可されている）

Сюда́ мо́жно войти́ (дверь отперта́).

ここへははいることが可能です．（ドアが開いている）

*

мочь〔不完〕+ 不定形と смочь〔完〕+ 不定形

Он мог позвони́ть нам то́лько ве́чером.　かれはわれわれに夜だけ電話がで
きました．（電話をかけたかどうかは不明．一定の可能性があるだけ）
Он смог позвони́ть нам то́лько ве́чером.

かれはわれわれに夜だけ電話ができました．（電話をかけた）

Я мог доста́ть биле́ты на премье́ру э́того спекта́кля, но я не знал, что вы
хоти́те на него́ пойти́.

私はこの芝居の初演のチケットを手に入れられましたが，あなたが芝
居に出かけたがっているかどうかがわかりませんでした．（主体は動作
にとりかかってすらいない）

Я смог доста́ть биле́ты на премье́ру но́вого спекта́кля, хотя́ э́то бы́ло о́чень
тру́дно.

私は新しい芝居の初演のチケットを手に入れられました．それはとて
もむずかしかったにもかかわらず．（チケットを手にいれた）

否定構文 не мог + 不定形と не смог + 不定形は，動作がなされなかったこ
とを示しますが，前者は不可能を示すだけなのにたいして，後者は実現し
ようと努力したがうまくいかなかったことを示します．

Вчера́ я не смог к вам прие́хать.

昨日私はあなたのところについにうかがえませんでした．

初級では，уме́ть + 不定形も「〜できる」という用法で出てきますが，可
能性だけでなく，獲得した知識や技能が伴っているときによく使われます．

Она́ уме́ет шить.　彼女は裁縫ができます．

6 ✳ 「〜しなくてはならない」

　初級では надо や нýжно, дóлжен などが「〜しなくてはならない, 〜する
必要がある」といった意味で出てきます.

　このうち, ともに無人称文の述語として使われる надо と нýжно の関係
については, 同義表現であるとしているものと, 後者がやや文語的として
いるものがあります. これらと дóлжен の使い分けを見ておきましょう.

　дóлжен を伴う構文は,「〜はずである」,「〜にちがいない」というよう
に, 主体の意志に関係なく生じることを示すことができます.

　Скóро дóлжен прибы́ть пóезд из Москвы́.

　　まもなくモスクワからの列車が着くはずです.

　それ以外に,「〜ねばならない」という意味でも用いられます. この場合
は義務や強制のニュアンスが伴うこともあります.

　нýжно や надо を伴う構文では, 行為の遂行は主体の望み (意志) に依存
しています. その点では, 動詞 хотéть を伴う構文と意味が近く, ロシアの
教科書などでは両者どうしの書き換え問題がよく見られます.

　Зáвтра мне нýжно заказáть литератýру в библиотéке. (≒ Я хочý заказáть).

　　明日私は図書館で文献を注文する必要があります (≒注文しようと思っ
　　ています)

　他方, нýжно や надо を伴う構文と дóлжен を伴う構文との書き換えも,
ロシアの教科書によく出てきます.

　Тебé надо кóнчить э́ту рабóту. ≒ Ты дóлжен кóнчить э́ту рабóту.

　いずれも「きみはこの仕事を終わらせねばならない」という訳になりま
すが, дóлжен には要求が厳しいニュアンスが伴っています.

　また, нýжно や надо, необходи́мо を伴う構文は, 人の行動規則を示して
いる文などでよく用いられます.

Ну́жно занима́ться спо́ртом.　スポーツをしなくてはなりません.

Необходи́мо спать не ме́нее 8 часо́в в су́тки.

　一日 8 時間は睡眠をとらねばなりません.

обя́зан を伴う構文は，道徳的義務ゆえに，あるいは法・行動規範の遵守ゆえに行為を遂行しなければならないことを厳しく伝えています.

В общежи́тии все обя́заны соблюда́ть пра́вила вну́треннего распоря́дка.

　寮ではすべての者は内規を遵守する義務があります.

придётся (пришло́сь) を伴う構文は，主体の計画や望みに行為が適っていない場合に使われます.（客観的状況からしてほかに選択肢がない）

Мне придётся измени́ть те́му курсово́й рабо́ты.

　私はレポートのテーマを変えざるをえません.（予定していた電車に乗り遅れてつぎの電車を待たざるをえないような状況が典型的）

вы́нужден を伴う構文は，行為がその人の願望とは逆に，もっぱら状況の圧力下でおこなわれている場合に用いられます.

Я вы́нужден пойти́.　私はいやおうなしに出かけざるをえません.

сле́дует を伴う構文は，行為の遂行を執拗に勧めている・忠告しているときに用いられます.

Вам сле́дует посове́товаться с врачо́м.　あなたは医者に相談すべきです.

сто́ит, сто́ило を伴う構文は，より柔らかなかたちで推薦（忠告）しているときに用いられます.

Я ду́маю, сто́ит посмотре́ть э́тот фильм.

　私が思うに，この映画は見る価値があります.

Вам сто́ит поговори́ть с ним.　あなたはかれと話すべきです.

обя́зан や сле́дует を伴う構文は，ビジネスや役所の文体に特徴的です.

7 ✳ 定・不定の表現法

　英語には冠詞が存在するのにたいして，ロシア語や日本語には存在しません．英語の冠詞は，主として，定・不定というカテゴリーを表現するために用いられます．

	不定	定
単数名詞	a, an	the
複数名詞	∅	the

　ロシア語や日本語の場合，定・不定の区別は文法的カテゴリーとしては成立していません．つまり，定か不定かの区別をつねにしなければならないというわけではありません．

　日本語では，「この，その，あの」，「ひとつの」，「ある」などによって語彙的に表現されることがあります．

　ロシア語においても，代名詞や語順等によって，ある程度までは表現可能です．「定」をあらわすためにはＺтот「この」，тот (са́мый)「その (まさに)」等の代名詞，да́нный「所与の」，настоя́щий「当の」などの形容詞，「不定」をあらわすためにはоди́н「ある」，како́й-то「なんらかの」，како́й-нибудь「なんらかの」，не́который「ある」等の代名詞，неизве́стный「知られていない」等の形容詞が，それぞれ用いられます．

　оди́н は，数詞「1」よりも代名詞「ある」という意味で使われるほうが多いかもしれません．

　Одна́ же́нщина рассказа́ла мне интере́сную исто́рию.

　　ある女性が私におもしろい話を語りました．「不定」

　Же́нщина рассказа́ла мне интере́сную исто́рию.

（その）女性は私におもしろい話を語りました．「定」

語順による表現の例としては，つぎのような場合があげられます：

The train has arrived. — Поезд пришёл. 列車はきました．

A train has arrived. — Пришёл поезд. 列車がきました．

もっとも，この関係は絶対的なものではけっしてなく，イントネーションとの関連もあり，複雑です．

格で示されていることもあります．

Я хочу́ попроси́ть у него́ де́нег.

　私はかれにお金をお願いしようと思います（生格）．「不定」

Де́ньги я ему́ верну́л. 金は私はかれに返しました（対格）．「定」

数も，У вас есть друзья́?「友人はいますか」と複数形でたずねるケースなどは，不定を示しているといえます．

電話での以下のような応答も同様です．

Мо́жно Анто́на? アントンを（電話口に）お願いできますか？

Вы оши́блись. Анто́нов здесь нет. まちがってかけています．アントンなどという人（複数生格）はこちらにはいません．

ちなみに，現代ロシア語では形容詞の短語尾形は述語としてしか用いられませんが，歴史上のある時期までは定語としても用いられていました．среди́ / средь бе́ла дня「白昼堂々」，на бо́су но́гу「はだしで」や，形容詞から形成された副詞нале́во「左側へ」，сле́ва「左側から」などには，その名残りが見られます．

定語として長語尾形，短語尾形の双方が使われていた時期には，長語尾形が「定」，短語尾形が「不定」の機能を果たしていました．

じつは現在とはむしろ逆に，述語としては15世紀くらいまで長語尾形は用いられていませんでした．

8 ✿ 不定人称文

　定・不定にふれた機会に，Как вас зову́т?「お名前はなんといいますか」
や В газе́те пи́шут, что …「新聞には〜と書かれています」，говоря́т, что…
「〜だそうです」などといった例で学ぶ，不定人称文についてもふれておき
ましょう．この構文は頻度が高いわりには記憶にのこりにくいようです．

　不定人称文は，明確に示されていない人によっておこなわれる行為をあ
らわしており，主格の主語を欠いています．

1)　述語が動詞の 3 人称複数現在・未来形

　По телеви́зору передаю́т после́дние изве́стия.

　　テレビではニュースが伝えられています．

　За́втра на поля́х бу́дут рабо́тать.　明日は畑で働いているでしょう．

2)　述語が動詞の複数過去形

　Вы́ставку откры́ли вчера́.　展覧会は昨日はじまりました．

　Тебе́ сего́дня звони́ли.　きみに今日電話があったよ．

　1), 2) 以外に，連辞 быть の複数過去形と形容詞短語尾形からなる文を
不定人称文にふくめる立場もあります．

　До́ма бы́ли ра́ды его́ успе́хам.　家ではかれの成功を喜んでいた．

　けれども，ここでは 1), 2) に限定して見ていくことにします．

　不定人称文の典型的な用法は，行為の遂行者や状態の担い手が何人いる
のか，具体的にどういう人なのかといったことに重きをおいていないケー
スです．「新聞には……」，「テレビでは……」といった文です．英語なら
they say や it is said, we speak などが使用されるところでしょうか．

　ただし場合によっては，主語にあたる人物がわかっているケースもあり
ます．たとえば，行為の主体としての人物が念頭におかれており，話し手

はその人を知ってはいるが，意図的に名指そうとはしていないときなどに，つぎのような文が用いられることがあります．

Мне вчера́ сказа́ли, что ...　私は昨日……と言われました

Пришли́.　来たぞ．（待っていた特定の人物が到着した）

あるいはつぎのような文は，（教師たちを）名指すまでもなかろうと考えているケースです．

На на́шем собра́нии обсужда́ли поведе́ние не́которых ученико́в.

私たちの会議では幾人かの生徒の行動が問題にされました．

さらには，行為の主体である人物を話し手は承知していないものの，知らなくとも問題はないと考えている場合，つぎのような文もありえます．

Магази́н закрыва́ют на ремо́нт.　店は修理のため閉まります．

В дверь стуча́т.　ドアをノックしています．

不定人称文は，Здесь не ку́рят. 「ここは禁煙です」や Про́сят не кури́ть. 「喫煙せぬようお願いします」のような掲示にもよく使われます．

なお，Как вас зову́т? 「あなたを人びとはどのように呼んでいますか」にたいする回答は名前＋父称か名前（ないし愛称）のみがふつうであり，姓は公的な場などを除きそえません．名前（ないし愛称）のみで答えているときには，たがいに вы の関係ではなく ты の関係でいきましょうというメッセージも同時にも伝えているのがふつうです．

また，この構文は動詞 звать が「対格（〜を）造格（〜）と呼ぶ」という格支配になっているので，文法的には名や父称が造格になるべきですが，固有名ということもあってか主格で用いることが多くなっています．

そのほか，相手に向かって厳しく Говоря́т тебе́ ...（＝Я говорю́ тебе́ ...）「きさまにいってるんだぞ」なども，不定人称文にふくめられるでしょう．

9 ✻ 否定疑問文

　日本語学者ネヴェロフはある論文のなかで，日本人は「賛成です согла́-сен / согла́сна」と一語でいうのをさけて，否定表現を四つも連ねて「不賛成でないということでもなくはない нет того́, что́бы не́ было, что я не не согла́сен」などという傾向があることを指摘しています．

　この例は極端かもしれませんが，たしかに，日本語では「否定の表現」をたくみに使って話をぼかすきらいがあります．この点は，英語だけでなくロシア語の側から見てもかなり独特でやっかいに思えるようです．

　また，日本語訳が三種類も出るほど 1970 年代初頭に話題になったオフチンニコフの『桜の枝』(1970) には，つぎのような箇所があります．

　日本語の場合の да と нет をマスターするのはそう簡単なことではない．ややこしいことに，да にあたる言葉はいつも да を意味するとはかぎらない．……もっと複雑なのが нет にあたる言葉である．

　帰宅して，通訳にこうたずねたとしよう．
　—Мне никто́ не звони́л?「私に誰からも電話はありませんでしたか」
　—Да，—と通訳は答える．
　—Кто́ же?「いったい誰からですか」
　—Никто́.「誰からも（ありません）」

　要するに，さきのネヴェロフの例は二重（多重）否定，あとのオフチンニコフの例は否定疑問文が問題になっているわけです．否定表現をめぐる問題はほかにもいくつかありますが，ロシア語と日本語あるいは英語との関係においては，とりあえずこの二点の確認が重要と思われます．

　まず否定疑問文の場合から見ていくことにしましょう．

「質問の形式」が否定を伴っている場合（「来なかったか」），日本語では「状況」が ① 肯定（「来た」）であれば「いいえ」，② 否定（「来なかった」）であれば「はい」と答えるのが一般的です．つまり，上記のオフチンニコフのようなケースでは，「電話はなかった」わけですから「はい」と日本語なら答えます．

　ところが，ロシア語での会話となると話はまた別です．通訳はロシア語では нет と答えるべきであったわけです．その点ではロシア語は英語のほうに近く思われるかもしれません．英語は①の場合は yes（＋肯定文），②の場合は no（＋否定文）で答えます．

　といっても，да, нет それぞれ一語で答える場合は英語とおなじ要領でいいのですが，あとに文がつづく場合はかならずしもそうではありません．

　Ты не смотре́л э́тот спекта́кль?「この芝居を見なかった？」にたいしては，「見ていない」ならば Нет, не смотре́л. と答え，「見た」ならば Нет, смотре́л. と答えるのがふつうです．つまりどちらも нет ではじまっているわけです．

　ことに，質問者が否定的回答を予想して否定を伴う文で問いかけたのに反して肯定の回答をあたえる場合などには，нет ＋肯定文があらわれます．Ты ведь э́тот фильм не смотре́л?「きみはこの映画は見てないよね？」にたいして，Нет, я смотре́л.「いいや，見たよ」と答えるようなケースです．

　さらには，「見ていない」場合は，日本語の場合に似て（尋ね手の推測を肯定して？），Да, не смотрел. も可能であるということになっています．

　ロシア語，日本語，英語における（文の前の）「はい」/「いいえ」の用法を図式化するならば，以下のようになります．

	質問の形式	状況	ロシア語	日本語	英語
1	肯定	肯定	да	はい	yes
2	肯定	否定	нет	いいえ	no
3	否定	肯定	нет	いいえ	yes
4	否定	否定	нет / да	はい	no

10 ✿ 二重否定，部分否定

　「二重否定」と呼ばれる現象のなかには，否定を二つ重ねることによって否定を強めるケースと，肯定に転化するケースがあります．日本語の場合の二重否定はふつう後者を指しています．

　まず前者のケースですが，これは日本語や英語にあってはごくまれにしか見られないのにたいし，ロシア語では相当に多く見られます．

　Он никогда́ не́ был там.　　He has never been there.

　Ничто́ не могло́ помо́чь.　　Nothing could have helped.

　また，Никто́ никогда́ не сказа́л ничего́.「だれもけっしてなにもいいませんでした」などのような「多重否定」とも呼ぶべき表現もまれではありませんが，これとて前記の日本語の「多重否定」とは異なって，あくまでも否定の強めでしかありません．

　これにたいして，日本語の「不賛成でないということでもなくはない」や「知らないわけではない」といったタイプの二重否定は，ロシア語では比較的少なく，以下のような例にほぼかぎられています．

1)　нельзя́ / невозмо́жно ＋否定辞を伴う不定形

　　С ва́ми нельзя́ не согласи́ться.　あなたに同意しないわけにはいきません．

　　Её невозмо́жно не люби́ть.　彼女を愛さずにはいられません．

2)　не мочь ＋否定辞を伴う不定形

　　Он труди́лся и не мог не труди́ться.

　　　かれは仕事にはげんだし，はげまずにはいられませんでした．

3)　не име́ет пра́ва / не име́ет основа́ния / не в си́лах ＋否定辞を伴う不定形

　　Он не в си́лах не ду́мать о ней.

　　　彼は彼女のことを考えないではいられません．

*

　ロシア語の場合も「全体否定」と「部分否定」があります.

　Ви́ктор не ходи́л в кино́. が全体否定であるのにたいして，Не Ви́ктор ходи́л в кино́. や Ви́ктор ходи́л не в кино́. は部分否定です．日本語訳はそれぞれ，「ヴィクトルは映画館に行きませんでした」，「映画館に行ったのはヴィクトルではありません」，「ヴィクトルが行ったのは映画館ではありません」となります．

　英語の場合の部分否定は，not all を代表として not always など種類がかぎられていますが，ロシア語の не は，文中の否定されている成分の直前におかれます．上の例のように文頭にくる場合もありえます．

　なお，他動詞が否定されている文（全体否定）では，直接目的語が対格のままの場合と生格に代わる場合がありますが，部分否定の場合は対格のままです．

全体否定

　Я не люблю́ молоко́. 　私はミルクが好きでありません．（個別・具体）

　Я не люблю́ молока́. 　私はミルクが好きでありません．（一般）

部分否定

　Он не о́чень люби́л му́зыку. 　かれは音楽をさほど好んでいませんでした．

　Я не ча́сто получа́ю пи́сьма.

　　私はさほどひんぱんには手紙を受け取っていません．

　また，И́горь не́ был писа́телем.「イーゴリは作家ではありませんでした」というような全体否定とちがって，部分否定では И́горь был не писа́телем, а строи́телем.「イーゴリは作家ではなくて建設者でした」のように，не の位置が異なってきます．

11 ❋ Антóн нé был в шкóле. と
Антóна нé было в шкóле.

物の欠如を示す場合は нет ＋ 生格（無人称文）が用いられるのにたいして，
人の不在は нет ＋ 生格だけでなく，не を伴う人称文でもあらわされます．

タイトルにあげた二つの文を見てみましょう．

Антóн нé был в шкóле. の нé был は，не ходи́л, не éздил, не приходи́л, не
приезжáл と同義です．「アントンは学校に行きませんでした・来ませんで
した」．

これにたいし，Антóна нé было в шкóле. の нé было は人物の不在を示し
ており，отсýтствовал と同義です．「アントンは学校にいませんでした」．
このタイプの文は，「いるにちがいなかった（あるいはいたかもしれなかっ
た）と思っていたのに，いなかった」ときによく用いられます．

На лéкции в э́тот день Ви́ктор нé был（＝ на лéкцию не ходи́л）.
　講義にこの日ヴィクトルは行きませんでした．

Я заглянýл в аудитóрию: Ви́ктора на лéкции нé было（＝ он отсýтствовал）.
　私は教室をのぞきこみましたが，ヴィクトルは講義には出席していま
せんでした．

両者のタイプの意味が近づくことがあります．したがって類義表現が生
じます．

Он нé был вчерá на собрáнии / Егó нé было вчерá на собрáнии, поэ́тому я не
моглá передáть емý вáшу запи́ску.
　かれは昨日集会に来ませんでしたので／かれは昨日集会にいなかった
ので，私はかれにあなたのメモを手わたすことができませんでした．

相手に話しかけるさいには人称文のほうが好まれます．

Сергéй, почемý ты нé был вчерá в шкóле?

　セルゲイ，なぜ昨日学校に来なかったんだい？

　話し手が自分自身について伝えるときも，人称文が好まれます．

Я вчерá нé был на семинáре, какóй вопрóс обсуждáлся?

　ぼくは昨日ゼミに行かなかったけど，どんな問題が話し合われた？

　話し手が自分自身について伝えるときであっても，不在を強調するときは無人称文も使用されることがあります．

Меня́ нé было там, откýда мне знать, что он говори́л?!

　私はそこにいなかったのだから，かれがなにを話したかなんて知りようがないでしょ?!

　人称文と無人称文では，時間をあらわす副詞句等に差異があります．
　持続や不定の時間をあらわす副詞句等は，よく人称文の中で用いられます．

Ивáн Петрóвич нé был в роднóм гóроде нéсколько лет.

　イヴァン・ペトロヴィチは数年間故郷の町に行きませんでした．

Пóсле э́того слýчая он нé был у них всю зи́му.　この出来事のあと，かれは

　一冬じゅうかれらのもとに行きませんでした．

　これにたいし一定の時間を表現する場合は，通常，無人称文が用いられます．

Не звони́те мне в 5 часóв, меня́ не бýдет дóма.　5時に私に電話しないよう

　にしてください．私は留守にしていますので．

В э́то врéмя Антóна нé было в библиотéке.

　このときアントンは図書館にいませんでした．

12 ✳ 語順はさまざまありうるが

　ロシア語の語順はかなり自由で，Я за́втра у́тром пойду́ гуля́ть.「私は明朝
散歩に出かけます」は120種類の語順が理論的には可能であるとされてい
ます．けれども代表的な語順がないわけではありません．当該の文だけが
独立して考えられている場合などは，たとえば主語＋述語＋目的語などの
ように英語に似た基本的語順があります．その関係もあってか，初級段階
では語順に関してさほど質問は出ません．

　ただ，比較的早くから出てくる Там дом. と Дом там. のちがいや，Он
хорошо́ говори́т по-ру́сски. と Он говори́т по-ру́сски хорошо́. のちがい，Что
де́лает Анто́н? と Что он де́лает? のちがいなどに関しては，ロシア語の文に
は既知の情報を前方において，新しい情報を最後にまわす傾向があること
（さらには会話では新しい情報のみ返すことが多いこと）などを知らせてお
くと，ひとまず納得してもらえるケースも少なくありません．

Там дом.	There is a house over there.
Дом там.	The house is over there.

　ここでは，主として文章に書く場合の基本的な語順のうち，初級段階で
出てくる可能性の高いケースをいくつか見ておくことにします．

- -o や -e でおわり，動作の様式をあらわす副詞や，規模や程度をあらわす
  副詞（句）は，述語動詞の前にくるのが一般的です．

  Она́ хорошо́ говори́т по-ру́сски.　彼女は上手にロシア語を話します．

- 時の副詞（句）は述語動詞の前にくるのがふつうです（文頭とはかぎりま
  せん）．

  У́тром А́нна чита́ет газе́ту.　朝アンナは新聞を読みます．

  ре́дко「まれに」，ча́сто「しばしば」，обы́чно「ふつう」，всегда́「いつも」，
  иногда́「ときどき」は，主語と述語のあいだがふつうです．

Ве́чером мы всегда́ смо́трим телеви́зор.

夜わたしたちはいつもテレビを見ます.

ただし，обы́чно, иногда́ は文頭にくることもあります.

• 場所の副詞（句）は述語動詞の前にくるのがふつうで，しばしば文頭にあらわれます.

В ко́мнате занима́ются студе́нты.　部屋では学生たちが勉強しています.

（目的語のない文では，述語にかかる副詞句が冒頭にくると述語＋主語の語順になります）

ただし，場所の副詞（句）を欠いては文が成立しないようなケースでは，述語動詞のあとにきます.

Брат живёт в дере́вне.　兄は田舎に住んでいます.

• 時の副詞（句）と場所の副詞（句）がある場合は，通常それらは文頭におかれ，時間をまず示し，そのあとに場所がきます.

Вчера́ в университе́те состоя́лось собра́ние.

昨日大学で集会が開催されました.

• 前置詞なし与格の人称代名詞は，一般に直接目的語の前にきます.

Я дал ему́ кни́гу.　私はかれに本を貸しました・あげました.

• У нас в го́роде 型は，ふつう文頭にきます.

У вас в го́роде есть теа́тр?　あなたがたの市には劇場がありますか？

• 性質形容詞と関係形容詞が名詞を修飾している場合，関係形容詞が名詞に近い位置におかれる傾向があります.

ста́рая япо́нская столи́ца　日本の古い都

интере́сная ру́сская литерату́ра　おもしろいロシア文学

• 主語と述語からなる自然描写では述語＋主語になります.

Идёт дождь.　雨が降っています.（「雨はどうなっている」と聞くときなどは逆の語順になります）

ただし以上は一般的傾向にすぎず，文の成分のどこに重点がおかれているかしだいで（機能的区分），さまざまな語順がありえます.

13 ✳ 機能的区分 актуа́льное члене́ние における語順

先行する文しだいでそのつぎの文の語順が変わる例をもう少しこまかく見ておきましょう. актуа́льное члене́ние と呼ばれている現象で,「機能的区分」,「現実的区分」などと訳されています.

たとえば Ви́ктор пое́хал в Москву́. という文は, ヴィクトルがモスクワに出かけたという行為について伝えています. Что сде́лал Ви́ктор?「なにをヴィクトルはしましたか」という問いにたいして Пое́хал в Москву́.「モスクワに出かけました」と答えているわけです.

別の語順, たとえば В Москву́ пое́хал Ви́ктор. ですと, だれがモスクワに出かけたかについて伝えています. 話し手は, 聞き手がモスクワ旅行という事実について知っていることを前提にしています. Кто пое́хал в Москву́?「だれがモスクワにでかけましたか」との問いにたいして Ви́ктор.「ヴィクトルです」と答えているわけです.

また, Пое́хал Ви́ктор в Москву́. (あるいは Ви́ктор пое́хал в Москву́. も用いられる) ですと, ヴィクトルがどこへ出かけたかを伝えようとしています. 聞き手はヴィクトルが旅行していることを知っていますが, いったいどこへ出かけたのかは知りません. Куда́ пое́хал Ви́ктор?「どこへヴィクトルは出かけましたか」との問いにたいして В Москву́.「モスクワです」と答えています.

これら3つの文のそれぞれ前半部 Ви́ктор, В Москву́ пое́хал, Пое́хал Ви́ктор を「テーマ」, 後半部 пое́хал в Москву́, Ви́ктор, в Москву́ を「レーマ」(もっとも伝えたい部分) と呼んでいます.

会話などではレーマだけ返すことがよくあります.

Как он говори́т по-ру́сски? — Хорошо́.

もう少し例をあげてみましょう．

Мой друг / любит приро́ду.（/でテーマとレーマの境界を示すことにします）は，私の友人がどういった特性を有しているかという問いに答えています．мой друг「私の友人」がテーマで，любит приро́ду「自然を愛しています」がレーマです．

Приро́ду лю́бит / мой друг. ですと，Кто лю́бит приро́ду?「だれが自然を愛していますか」という問いに答えています．приро́ду лю́бит がテーマで，мой друг がレーマです．

Приро́ду мой друг / лю́бит. ですと，私の友人が自然にどう接しているかを聞かれたときの答えとなります．

さらには Лю́бит мой друг / приро́ду. ですと，Что лю́бит мой друг?「なにを私の友人は愛していますか」という問いに答えています．лю́бит мой друг がテーマで，приро́ду がレーマです．

Ни́на / хорошо́ пла́вает. は，ニーナがどういった特性を有しているかという問いに答えています．Ни́на「ニーナ」がテーマで，хорошо́ пла́вает「泳ぎが上手です」がレーマです．

Пла́вает Ни́на / хорошо́. ですと，Как пла́вает Ни́на?「ニーナの泳ぎはどうですか」との問いに答えており，пла́вает Ни́на がテーマで，хорошо́ がレーマです．

前ページで語順の基本的な特徴をあげておきましたが，実際の対話ではこのように問いかけしだいで語順が動きます．おおまかには既知の情報を先にだしていく感じです．とはいえ，以上のような機能的区分を初級段階で意識する必要はありません．まずは日本語に訳せるだけで十分だと思います．しかも，Ви́ктор пое́хал в Москву́. という同一語順の文であっても，イントネーションによって Ви́ктор がテーマであったり，Ви́ктор пое́хал がテーマであったりもします．やはり語順は中級以上の課題です．

14 ✳ 省略表現

　ここでは，ロシア語ではあらわす必要のない要素を，英語ではあらわすようなケースに注目してみましょう．もちろん，英語においても主語の省略をはじめとして省略文は可能ですが，文の構造の完全さをもとめる傾向は英語のほうがはるかに目だっています．

　まず対話では，つぎのような例が見られます．

Вы чита́ли э́ту кни́гу? — Чита́л(а).

Did you read this book? — (Yes,) I read it.

　ロシア語の対話では，主語だけではなく他の要素もしばしば略されます．たとえば人・物の移動（移動の動詞など），情報の伝達（говори́ть, слу́шать など），物の手渡し（дава́ть, получа́ть など）等を示す動詞は省略される傾向にあります．

Ты куда́, Ва́ня? — На по́чту.

Where are you going, Vanya? — I am going to the post-office.

Я говорю́ по-англи́йски, и мой брат то́же.

I speak English, and so does my brother.

　ロシア語では，А ты ему́ что? (сказа́л)「で，きみはかれになにを」(話した)；Ну, кто кого́? (победи́л)「で，だれがだれを」(打ち負かした)；А она́ его́? (люби́ла)「で，彼女は彼を」(愛してた)等の無動詞文が可能です．

　また，問いにたいする答えでは，疑問文で論理的アクセントを担っている（ポイントになっている）語をくりかえす傾向にあります：

А она́ его́ лю́бит? — Лю́бит.

But does she love him? — Yes.

Ви́ктор хоро́ший? — Хоро́ший.

Is Victor a good fellow? — Yes, he is.

主節と従属節の主語がおなじ場合，ロシア語では従属節の主語はふつう略されます：

Она́ сказа́ла, что име́ет по́лное пра́во на о́тдых.

She said that she had a complete right to rest.

ロシア語では，主語をくりかえすと強調になることがあります．

英語ですと略される名詞を代名詞で代用しているような場合に，ロシア語ではそのような代名詞なしにすますことが少なくありません：

Она́ не ху́же францу́зских.

She is not inferior to those of France.

所有代名詞の用法にもちがいが見られるケースがあります．

Я чита́ю уче́бник.

I am reading my textbook.

また口語では（英語にも見られますが），Я зна́ю, что он живёт в го́роде.「私はかれが都市に住んでいることを知っている」の接続詞 что（that）が省かれることがよくあります．

逆に，ロシア語よりも英語のほうが省略文になりやすいケースもあります．たとえばつぎのようなケースです．

Они́ смо́трят на него́, как на геро́я.

They look upon him as a hero.

日本語においても，英語ではあらわされている要素があらわされないことがよくあります．たとえば，日本語には「ぼくはうなぎだ」タイプの構文があります．ちなみに，ロシア語でも Вы ко́фе и́ли чай?「あなたはコーヒーですか，それともお茶ですか」といった言い方がよく使われます．

15 ✳ 文体は何種類？

　初級の段階では，文体のちがいまでも気にする必要はありません．日常の口語で使われるようなことば遣いが中心になっています．

　けれども上級段階まで進むと，文体のちがいを感じるようになるかもしれません．新聞などに挑戦してみると，それまで習ってきたのとかなりちがう文法現象や語彙に出くわすことでしょう．

　文体をどのように分類し，それらをどのように関係づけるかは，ロシア語研究者のあいだでもいまなお見解がわかれていますが，「機能から見た文体」に関しては伝統的につぎのようなものがあげられています．

　1) 学術的文体，2) 官庁・実務的文体，3) 新聞・社会評論的文体，4) 日常口語的文体，5) 文学的文体

　「文学的文体」を独立に設定せず，文学はほかのすべての文体を利用するものであるとみなす立場もあります．

　「学術的文体」は，論文，事典，書評，アカデミックな講義・報告などで使われます．ということは，将来ロシア語で論文を書くことになる学習者にはいずれ習得する必要が生じてきます．日本語の場合もおなじですが，口語や詩・小説などのことばで論文を書くわけにはいきません．

　たとえば，「〜である」といった連辞に近い意味で使われる動詞がかなり存在します．явля́ться, называ́ться, счита́ться, стать, станови́ться, де́латься, каза́ться, остава́ться, характеризова́ться, заключа́ться, состоя́ть, составля́ть, отлича́ться, име́ть, служи́ть, определя́ться, представля́ть (собо́й) …

　また，анализи́ровать「分析する」，возде́йствовать「作用する」，оце́нивать「評価する」というように動詞一語で表現していたものを，подве́ргнуть ана́лизу / возде́йствию / оце́нке のように 2 語で表現する傾向があります．

боро́ться「闘う」ではなく вести́ борьбу́ とすると，論文風になります．

　「官庁・実務的文体」は，行政，法律，外交，指令などに関係する文書のほか，企業，ビジネスに関係する文書にも見られます．日本でも似たような文体があります．語彙も独特なものを使うことがあり，たとえば э́тот「この〜」の意味で настоя́щий「本〜」を用います．生格をいくつも重ねたり（「〜の〜の〜の〜」），受動構文の多用も特徴にあげられます．

　「新聞・社会評論的文体」は，新聞，評論，エッセイ，小冊子，マニフェスト，ルポルタージュなどに見られます．やはり，特有の語彙や成句，語形成を有しています．また，文学作品とくらべると，生格が占める比率が約 3 倍高いとのことです．動詞では 3 人称が圧倒的に多く見られます．疑問文，感嘆文，反復の多用も特徴としてあげられます．

　「日常口語的文体」は，教養・文化を身につけた人びとが日常生活のなかで直接に交流するさいのことば遣いを指しています．（方言，俗語，卑語などはふくまれません）．ほかのすべての文体が「文語的」なのにたいして，「口語的」です．ただし，「口語的」といってもかならず口にだす，すなわち「口頭の」ことば遣いであるとはかぎりません．文章語で話す人もいれば，「口語」で書く人もいます．この文体は，ほかの文体とちがって，当然のことながら，音声学上の特徴も問題になります．

　語彙面では，代名詞の多用や，чита́льный зал ＞ чита́лка「閲覧室」のような略語が特徴的です．

　文法では，格の使用頻度に関して主格 32.6 ％，生格 22 ％，与格 4.1 ％，対格 25.3 ％，造格 5 ％，前置格 11 ％ という統計もあります．

　「呼格」に相当するような呼びかけの形態（語尾の [a] が消える）も，ひろく使われています．па́па → пап, ма́ма → мам, Ната́ша → Ната́ш, Катю́ша → Катю́ш, Ни́на → Нин, Пе́тя [p'ét'ə] → Петь [p'ét']

16 ✳ 口語特有のくだけた発音

　くだけた調子で早口でしゃべるような場合，発音がぞんざいになること
があります．日常生活のなかで頻度の高い語にはとくにそうした傾向が見
られます．ロシア語の場合もこのような現象が存在することを承知してい
ないと，聞き取れないのを自分のリスニング能力のせいにしかねません．

副詞，挿入語，接続詞

вдруг［ドゥルーク drúk］　突然

вообще［ヴァプシェー vapʃʲé］，［ヴァシェー vaʃʲé］，［シェー ʃʲé］　総
　じて

если［イエースィ jés'i］　もしも

здесь［ヅィエースィ d'és'］，［ズィエースィ z'és'］　ここ

иногда［イナダー inadá］　ときどき

как сказать［クスカチ kskət'］　さあ，なんと言いましょうか

когда［カダー kadá］，［カアー kaá］　いつ

конечно［カエーシナ kaéʃnə］，［ケーシナ kéʃnə］　もちろん

наверно［ナエールナ naérnə］，［ナエーナ naénə］，［ネーナ nénə］　た
　ぶん

нельзя［ニズャー n'iz'á］　いけない，できない

очень［オーチニ ótʃʲn'］，［オーシニ óʃn'］　とても

очень хорошо［オチハラショー otʃʲxəraʃó］　とてもよい

потому что［プトゥーシタ ptúʃtə］　なぜなら

пусть［プースィ pús'］　～させよ

сегодня［スョードニャ s'ódn'ə］，［スョーニャ s'ón'ə］　今日

сейчас［スィチャース s'itʃʲás］，［シシャース ʃʃʲás］　いま（すぐ）

сколько［スコーカ skóka］　いくら

совсем［サスィエーム sas'ém］ まったく

спасибо［パスィーバ pas'íbə］ ありがとう

теперь［チエーリ t'iér'］,［チェーリ t'ér'］ いま

тогда［タダー tadá］,［タアー taá］ そのとき

только［トーカ tóka］ だけ，のみ

数詞

двадцать［ドゥヴァーツ dváts］ 20

пятьдесят［ピイスャート p'iis'át］,［ピスャート p'is'át］ 50

семьдесят［スェーミスィト s'ém's'it］ 70

тридцать［トゥリーツ tr'íts］ 30

шесть［シェースィ ʃés'］ 6

пе(р)вый 1番目の

代名詞

каж(д)ый おのおの

меня［ミャー m'á］ 私（生格，対格）

тебе［チエー t'ié］,［チェー t'é］ きみ（与格）

тебя［チアー t'iá］,［チャー t'á］ きみ（生格，対格）

動詞

взять［ズャーチ z'át'］ 手にとる，買う

говорю［グリュー gr'ú］, говоришь［グリーシ gr'íʃ］, говорит［グリー
ト gr'ít］ 話す

едет［ィエーイト jéit］ 行く

поедешь［パィエーイシ pajéiʃ］ 出かける

смотрел［スマリェール smar'él］ 見た

смотрю［スマリュー smar'ú］ 見る

17 ✳ 動詞の用法の相違点 (ロシア語と英語)

英語を学んできているロシア語学習者は, (性や格をおぼえなければならない名詞とちがって) 動詞に関しては英語になぞらえがちです. ロシア語と英語の動詞の用法の相違点をいくつかあげておくことにします.

1) ロシア語には英語のような「時制の一致」がありません.

Он сказáл, что живёт в Москвé. — He said he lived in Moscow. (同時)

Он сказáл, что жил в Москвé. — He said he had lived in Moscow. (先行)

2) ロシア語には「進行相」と「非進行相」の対立を示すための特別な文法的手段はありません.

He drinks. — Он пьёт.

He is drinking. — Он пьёт.

ときには, сейчáс「いま」等の語彙的手段によって「進行相」があらわされます.

3) 「体」に関しては, 英語の「現在完了形」とロシア語の「完了体」が一致しないケースのみあげておきます.

I have lived here since 1970.

Я живý здесь с 1970. (不完了体・現在)

I have studied English for two years.

Я занимáлся/занимáюсь англúйским языкóм два гóда. (不完了体・過去 / 現在)

I have read the book many times.

Я читáл кнúгу мнóго раз. (不完了体・過去)

I have lived in Moscow.

Я жил в Москве́.（不完了体・過去）

4）　態

　受動態は英語の方が使用頻度が高いといわれています．おそらく，英語に格が存在しないことが一因となっているものと思われます．ロシア語では「代表団は駅で迎えられた」はつぎのように二様に表現されえます．

　Делега́цию встре́тили на вокза́ле.

　Делега́ция была́ встре́чена на вокза́ле.

　つまり，後者のように拙著ではまだとりあげていない受動形容分詞の過去短語尾形による以外に，前者のように不定人称文によっても受身が表現されえます．これにたいして，英語ではつぎのような構文だけが可能です．

　The delegation was met at the station.

　英語の場合には，物ないし人を行為の対象として示しうるような格形態が存在しないからです．英語の目的語は語形態によってではなく，文中での語の位置によって示されます．

　英語なら受身の構文になるケースだが，ロシア語では不定人称文が用いられる例を，いくつかあげてみましょう．

　We were shown the way.

　Нам показа́ли доро́гу.

　He was offered another post.

　Ему́ предложи́ли но́вую до́лжность.

　He is laughed at.

　Над ним смею́тся.

　そのほか，ロシア語では不完了体の他動詞（чита́ть）に -ся を付して（чита́ться「読まれ（てい）る」）受け身をあらわすことも可能ですが，人をあらわす主語は一部の例外を除き用いられません．The child is washed by the nurse. は，通常，Ребёнка мо́ет ня́нька. のように語順によって表現されます．

V

語彙面での特徴

1 ◈ 辞書にも限界がある

「どのくらいの語彙力があればロシア語で読むことができるのでしょうか」と聞かれることがありますが，答は簡単でありません．いわゆる基本語辞典がひとまずその問いに答えているともいえますが，それとて辞典によって差があり，2千語から5千語あたりのあいだで揺れています．

では，そもそもロシア語にはいくつ語があるのでしょうか．これまた，簡単には答えられません．たとえば日本で出版されている露和辞典のなかには20何万語収録と銘うっているものがある一方，ソ連で最大の規範的辞書であるアカデミーの『17巻ロシア語辞典』(1950–65) には12万語強しか収録されていません．

また，民衆の「生きたロシア語」を網羅しようとしたダーリの『現用大ロシア語詳解辞典』(初版 1863–66) は，20万語くらい収録しています．語とは何かの定義付けのちがいもありますが，いずれにせよ留意すべきは，辞書というものはすべての語を収録するわけでないということです．

一般の辞書にふくまれないものとしては，まず方言の語彙があげられます．たとえば「手袋」に当たる語としては перча́тки, рукави́цы, ва́режки などが収録されていますが，各地の方言としては実際にはまだ 200 語近くあるそうです．これらは方言辞典に収録されていますが，1965 年に刊行開始された『ロシア民衆方言辞典』などは 2021 年時点でまだ完結していません (Ц の項まできたのであと数年？)．地方ごとの方言辞典も刊行されています．

使用領域が特定の分野や職業その他に限定されているもの，つまり専門用語とか隠語も，すべてが収録されているわけではありません．また，語そのものは収録されていても，専門用語としての語義が省かれていることがあります．たとえば，猟人はリスの尻尾を ве́ер，ウサギの尻尾を цвето́к

などというそうですが，一般の辞書には記されていません．

　また「俗語」や「口語」的色彩の濃いものも，かならずしもすべてが収録されているわけではありません．さらには「廃語」，「新語」，「スラング」なども同様です．
　固有名も，（事典ではなく辞典では）通常は収録しません．

　もちろん，初級の学習書はまずは日常生活のコミュニケーションに欠かせない語を習得していくようにつくられているのがふつうです．それらの語のなかには，ロシア語文化圏に特有の語もふくまれています．самова́р「サモワール」やбалала́йка「バラライカ」などは，図版をそえないと理解が困難かもしれません．中級以上になるとво́ля「意志，自由」，тоска́「憂愁，ふさぎの虫」等，翻訳が不可能に近い語も出てきます．
　ただしこのような語はかぎられており，大多数の語は日本語や英語の基本的な語に意味上対応しているはずです．ただし，そのさいにも微妙な「ずれ」はありえます．
　たとえば，стул は「椅子」というようにひとまず習いますが，より厳密にいえば「肘かけがなくて，背もたれがある，ひとり用の椅子」を指します．ひとり用でも肘かけがあればкре́сло，肘かけも背もたれもなければтабуре́т(ка) といいます．さらには скамья́ / скаме́йка「ベンチ」，дива́н「ソファ」その他もあります．こういった相関関係も考慮に入れておく必要があります．

　そのほか，形容詞が名詞化した場合にそれを形容詞と別個に見出しにとる度合いは辞書の容量によります．たとえばно́вый「新しい」，интере́сный「興味深い」，смешно́й「こっけいな」の中性形が名詞化して「〜なこと」という名詞になっていたとしても，すべてが名詞として別個に見出しにあがっているとはかぎりません．

2 ◈ ロシア語と英語と日本語のずれ

　「使用範囲」がロシア語と日本語あるいは英語とのあいだではっきりと異なっているケースが見られます．いくつか例をあげてみましょう．

　まず，ロシア語の場合も英語の場合と同様，брат や сестрá は一語では「兄」と「弟」，「姉」と「妹」の区別をしません．

　「湯」にあたる語はなく，водá が状況しだいで「水」にも「湯」にも使われます．

　「いね」，「こめ」，「ごはん，めし」と рис，「つめたい」，「さむい」と хóлодно の関係なども，ここにふくめられるでしょう．

　また，日本語では身に付けかたの表現が細分化しており，「着ている」，「かぶっている」，「（ネクタイを）締めている」，「（メガネを）かけている」，「履いている」，「（ひげを）はやしている」等にわかれますが，ロシア語ではいずれも носи́ть 一語であらわすことができます．

　これとは逆に，「結婚する」marry はロシア語では，男性側からは жени́ться，女性側からは вы́йти зáмуж というふうにわかれています（「二人は結婚した」といいたいときは жени́ться を使います）．

　「のむ」に当たるロシア語も，英語同様にいくつかあり，酒や水を「のむ」場合は пить，薬を「のむ」場合は принимáть，煙草を「のむ」場合は кури́ть，蛇が蛙を「のむ」場合は глотáть，波が舟を「のむ」場合は поглощáть が使われます．

　дли́нный「（おもに空間的に）長い」と дóлгий「（時間的に）長い」，горя́чий「熱い」と жáркий「暑い」，голубóй「空色の」と си́ний「（黒味をおびて）青い」などの区別も，ここにふくめていいでしょう．

またロシア語では，笑い方や泣き方のちがいを，日本語のように「にこにこ」，「にやにや」，「くすくす」その他の副詞に頼らず，動詞一語で表現しわけます。たとえば「笑う」は смея́ться, улыба́ться, усмеха́ться, рассмея́ться, посме́иваться, хихи́кать, хохота́ть, расхохота́ться その他であらわされます。

こういったちがいは，日本語とロシア語のあいだにくらべると，英語とロシア語のあいだのほうが少ないように思われますが，むろん英語とロシア語のあいだにもちがいはあり，たとえば hand も arm も рука́ であらわし，foot も leg も нога́ であらわすのがふつうであるのにたいして，逆に wash には мыть と стира́ть の2語が対応しています。

　以上はほんの一部の例にすぎませんが，語を習得するさいにはただ語義のみをおぼえるのではなく，こういった側面への配慮も重要です。

　ちなみに，英語とロシア語のあいだで同義であるかに思われる語なども微妙に意味がずれている場合があるので，油断なりません。

family	家族	фами́лия	姓
student	大学生だけでなく小・中・高生も	студе́нт	（大）学生
accurate	正確な	аккура́тный	きちょうめんな
cabinet	飾りダンス，キャビネット	кабине́т	書斎
football	（米国では）アメリカン・フットボール	футбо́л	サッカー
camera	カメラ	ка́мера	（特殊な用途の）室
chef	コック（長）	шеф	（組織の）長，ボス
sympathetic	同情のある	симпати́чный	感じのよい

　このように2言語間の同義と思いかねない語ばかりを集めた辞書のひとつに，《Ло́жные друзья́ перево́дчика「翻訳者のいつわりの友人たち」》があります。

　ほぼおなじ意味をもつと思われる語の徴妙な差異は，語結合の可・不可によってあきらかになる場合があります.

　たとえば，го́рький と bitter と「苦い」などは転義的用法もふくめ相当に近い意味を有しています. го́рькое лека́рство, го́рький пе́рец, го́рькие слёзы は，それぞれ bitter medicine / pepper / tears,「苦い薬・こしょう・涙」と訳せます. けれども bitter wind となると，ре́зкий ве́тер,「猛烈な風」となります.

　коро́ткий, short,「短い」もたがいに近い意味を有しているように思われますが，He is a short man. は Он невысо́кого ро́ста.「かれは背が低い」となります. short sight は близору́кость,「近眼」のことです.

　тяжёлая промы́шленность, тяжёлый вес は，それぞれ heavy industry,「重工業」; heavy weight,「重量（級），ヘビー級」ですが，heavy rain「豪雨」は си́льный дождь, heavy losses は больши́е убы́тки,「大損害」です.

　ちなみに，この方法は同一言語内の類義語をくらべるためにも有効です.

1.	хоро́ший до́ктор	хоро́ший врач	よい医者
2.	до́ктор Серге́ев	врач Серге́ев	医師セルゲーエフ
3.	До́ктор, вы́пишите мне реце́пт.	——	先生，私に処方箋を書いてください.
4.	——	зубно́й врач	歯科医
5.	——	ветерина́рный врач	獣医

бе́лый как снег「雪のように白い」や сме́лый как лев「ライオンのように勇敢な」などは英語にも同様の表現があり，日本語にも見られます．けれども бе́ден как церко́вная кры́са「教会のねずみのように貧しい」となると，英語にはありますが日本語にはありません．

手のつけられない馬鹿をロシア語では глуп как про́бка「コルクせんのように愚かな」とか глуп как си́вый ме́рин「あし毛の去勢馬のように愚かな」といいますが，英語なら silly as a goose 等が使われます．

以下では，трусли́в как за́яц「うさぎのように臆病な」のようなロシア語でよく出てくる表現をあげておきます．

как арши́н проглоти́л	背筋をぴんと張っている
как бе́лка в колесе́	こまねずみのように動きまわる
бе́лый как бума́га	真っ青である（紙のように白い）
как в апте́ке	きわめて正確に
как в лесу́	皆目見当がつかずに
как две ка́пли воды́	瓜二つである
дождь как из ведра́	どしゃぶりだ
как ко́шка с соба́кой	犬猿の仲だ
как осе́нняя му́ха	だらだらと
как пти́ца	自由に，気ままに
как свой пять па́льцев	よく（知っている）
как трава́	（食べ物につき）味もそっけもない
как с гу́ся вода́	蛙の面に水，全然こたえない

143

3 ◈ 語はいかにしてつくられているか（1）

　ロシア科学アカデミーがだしているロシア語文法書の特色のひとつに，
語形成 словообразова́ние が占める比重の高さがあげられます.

　文法書が，文法と語彙論の双方にまたがる語形成なるものにこのように
多くのページをさくことには異論も存在しますが，ロシア語学習者にとっ
ては，語形成——つまり，語がどのようにしてつくられているか——の仕
組みを知ることがきわめて重要であることは，たしかです.

　まずは例を見てみましょう．初級の段階で出てくる語形成の代表的な例
は，「移動の動詞」に接頭辞がついたケースです（なお，定動詞・不定動詞
の区別は，接頭辞が付いた時点で消え，ほかの動詞と同様に完了体・不完
了体の区別に変ります）.

носи́ть【不完了体・不定動詞】　нести́【不完了体・定動詞】「運ぶ」

	【不完】	【完】	
в-	вноси́ть	внести́	運び入れる
вы-	выноси́ть	вы́нести	運びだす
до-	доноси́ть	донести́	（ある場所まで）運ぶ
за-	заноси́ть	занести́	ついでに運んでいく
от-	относи́ть	отнести́	運んでいく，運び去る
пере-	переноси́ть	перенести́	運び移す
под-	подноси́ть	поднести́	手に持って近づける，運び届ける
при-	приноси́ть	принести́	運んでくる
про-	проноси́ть	пронести́	（ある時間）持ち運ぶ，持ち運んで通過する
с-	сноси́ть	снести́	運びおろす
у-	уноси́ть	унести́	運び去る

接頭辞によるこのような語形成は,「移動の動詞」以外の動詞, さらには名詞, 形容詞, 副詞などにも見られますが, ことに動詞に目だっています.

　例をもう少しあげてみましょう.

вписа́ть「書きこむ」, вы́писать「書きぬく」, дописа́ть「書きおわる」, записа́ть「書きとめる」, исписа́ть「書きつくす」, переписа́ть「書き直す」, приписа́ть「書きくわえる」, прописа́ть「(ある時間)書く; 処方する」, расписа́ть「ほうぼうに書きこむ」, списа́ть「書き写す」

　ロシア語では, このように無接頭辞の動詞から, 補助的なニュアンスを伴った動詞が相当数つくられます.

　日本語では, 訳語からもある程度うかがえるように,「動詞＋動詞」という語形成, つまり複合動詞がしばしば対応しています (ロシア語や英語にはこのようなタイプの語形成は一般的でありません).

　英語の場合は, 日本語とくらべると接頭辞の役割がかなり大きいことになりますが, それでもロシア語ほどではありません. たとえば上記の вписа́ть 以下の動詞には, enter, extract, finish, write down, cover with writing… が対応しています.

　以下におもな接頭辞を列挙しておきます.

ロシア語: анти-, архи-, без-, в-, вы-, до-, за-, из-, на-, не-, от-, пере-, по-, под-, при-, про-, раз-, с-, сверх-, у-…

英語: a-, anti-, arch-, be-, co-, de-, dis-, en-, ex-, in-, inter-, mis-, non-, out-, over-, pro-, sub-, super-, un-, under-…

日本語: <u>お</u>なか, <u>す</u>あし, <u>真</u>夏, <u>ひ</u>弱い, <u>かっ</u>とばす, <u>不</u>参加, <u>無</u>関係, <u>非</u>常識, <u>未</u>完成, <u>各</u>大学, <u>超</u>特急……

4 ◈ 語はいかにしてつくられているか (2)

　日本語の場合は接頭辞による語形成が種類も量も少ないだけに，私たちがロシア語を学ぶ場合にも接頭辞の役割を軽視してしまうおそれがあります．けれどもロシア語で接頭辞が果たしている役割の十分な自覚は，語彙の習得にさいしてもきわめて重要です．

　ちなみに接頭辞は，ロシア語や日本語の場合には品詞を変えることはありませんが，英語の場合には large—enlarge，way—away などのように品詞に変化をもたらすことがあります．

　また，ロシア語の語形成では，接頭辞による語形成だけでなく，接尾辞による語形成もきわだっています．

　たとえば，人間をあらわす接尾辞 -тель をふくむ語に，すでにいくつか出くわしているかもしれません．

читáть	読む	—	читáтель	読者
писáть	書く	—	писáтель	作家
учи́ть	教える	—	учи́тель	教師
води́ть	運転する	—	води́тель	運転手

　人間をあらわすこういった接尾辞は，ロシア語にはほかにも -ик，-ник，-чик，-евик 等，30 種類以上あり，英語や日本語にくらべてかなりおおく見られます．

　複数形が日本語にもなっている「ナロードニキ наро́дник＜наро́д」，「ボリシェヴィキ большеви́к＜большо́й」などもそうです．

　またそれだけでなく，учи́тель-учи́тельница「教師」，москви́ч-москви́чка「モスクワっ子」などのように男女の対も，英語などにくらべて多く見られます．

студе́нт – студе́нтка　学生

писа́тель – писа́тельница　作家

актёр – актри́са　俳優

учени́к – учени́ца　生徒

журнали́ст – журнали́стка　ジャーナリスト

певе́ц – певи́ца　歌手

спортсме́н – спортсме́нка　スポーツ選手

чемпио́н – чемпио́нка　チャンピオン

япо́нец – япо́нка　日本人

日本語では，男女を区別する接尾辞は通常用いられません．

さらにもうひとつ，дождь「雨」＞до́ждик のような指小・愛称語，письмо́「手紙」＞письми́шко のような卑称語，дом「建物，家」＞доми́ще のような指大語からもわかるように，「主観的評価」の接尾辞も，ロシア語は英語や日本語にくらべて豊富です．

ちなみに，во́дка「ウオッカ」という語の起源についてはいくつかの説が存在します．ポーランド語の wódka の影響下で生じたとする者もいれば，ロシア語の вода́「水」から派生したとする者もいます．ただ，後者の場合にしても во́дка が指小語か否かで意見がわかれています．通常，語形成辞典などでは вода́ の派生語とはみなしていません．

пойти́《完》は，「（歩いて）出かける，歩きはじめる」という意味で用いるとされていますが，つぎのようなやりとりも見られます．

Где оте́ц? — Он пошёл на рабо́ту.

話している瞬間に父がだいたいどこにいるかを示しています．

この場合，Он на рабо́те. と答えることもあります．

---

5 ◈ 指小・愛称語，逆成，略語

「主観的評価」の接尾辞のうちの指小・愛称語についてもう少しこまかく
見ておくことにしましょう．

前ページで，дождь「雨」から до́ждик という指小語が形成される例をあ
げておきましたが，じつは指小語はこの段階でとどまらず，たとえば до́ждик
からさらに до́ждичек という指小語が形成されるようなケースが少なくあ
りません．例をあげてみましょう．

го́лос	声	—	голосо́к – голосо́чек
друг	友	—	дружо́к – дружо́чек
кни́га	本	—	кни́жка – кни́жечка
тетра́дь	ノート	—	тетра́дка – тетра́дочка

お気に入りの本だと，おもわず кни́жечка と表現してしまうようです．

こうした指小・愛称語は，名詞だけでなく形容詞や副詞にも見られます．

бле́дный	（顔色につき）青ざめた	—	бле́дненький
сла́бый	弱い	—	сла́бенький
пешко́м	歩いて	—	пешо́чком

相手のロシア人が пешо́чком というので，そのとおり従ったら 1 時間近
く歩くことになったという例も，よくあります．

また，このような「主観的評価」の接尾辞を伴う語どうしが組み合わさっ
ているようなケースもよく見られます．

ми́ленький сыно́к　かわいい息子（ми́лый сын）

бе́ленький снежо́к　白い小雪（бе́лый снег）

こういった語結合を使えるようになると，生きたロシア語の感じがよく
出ます．

語形成の種類としては，接辞と誤認した部分をその語から切りはなすことによって新語が生まれるケースもあります．いわゆる逆（語形）成です．

　たとえば зонт と зóнтик の関係がそうです．18世紀にオランダ語（zondek）より借用した зóнтик「傘」から，дождь – дóждик，дом – дóмик などをモデルとして，зонт が形成されました．つまり зóнтик の -ик を，指小・愛称語をつくる接尾辞 -ик と誤認したわけです．

　ただし，こういった逆成は，ロシア語の場合，日本語や英語と同様，それほど多くは見られません．

　語形成の方法はほかにも幾種類か存在しますが，ここでは略語法のみとりあげておきます．ロシア語には数多くの略語が存在しており，幾種類も出ている Слова́рь сокраще́ний ру́сского языка́「ロシア語略語辞典」のなかには，数万語の略語を収録しているものもあります．

　もっぱら口語で用いられる場合は，略語辞典や一般の辞書には収録されていないことがあります．たとえば Литерату́рная газе́та『文学新聞』紙は Литерату́рка，Вече́рняя Москва́『夕刊モスクワ』紙は Вече́рка と略されます．

　ちなみに，『文学新聞』のことを日本語で「リトガゼ」と略しているケースがときおり見られますが，これは，日本語の代表的な略語法のひとつが，「てんぷらどんぶり」を「てんどん」というように истфа́к 型（＜исто́рический факульте́т「歴史学部」）であることによるものと思われます．

　昨今では，小文字ではじまる литерату́рка が「文献」を揶揄するときに使われてもいます．ただしこの場合は，略語ではなく指小語・卑称語です．

　また，бадминто́н「バトミントン」を бад，факульте́т「学部」を фак といったような略し方も，とくに口語ではかなり多く見られます．

6 ◈ 略語の発音や性，数，格変化

実際には，略語は初級ではそれほどは出てきませんが，もう少しこまかく見ておくことにします．

① РГГУ「ロシア国立人文大学」，МГУ「モスクワ国立大学」他

② вуз「大学」，НЭП「ネップ」

③ ЦСКА「軍中央スポーツクラブ」

④ профком「労働組合委員会」

⑤ ИМЛИ「世界文学研究所」

⑥ госкомитет「国家委員会」

⑦ комполка「連隊長」

⑧ эсминец「駆逐艦」

略語辞典の多くには，省略前の語結合しか記されていません．

① РГГУ ですと Российский государственный гуманитарный университет と記されています．けれども発音や性・数，格変化の有無などに関する情報が欠けていると，会話や露作文のときなどに使えないことがあります．

РГГУ の場合は発音は [エル・ゲ・ゲ・ウー] です．文字の名称のままに発音します．性は男性で，不変化です．МГУ は 4 語もあげられており，大学にかぎっても「モスクワ国立大学」と「モルドヴィア国立大学」があります．いずれも発音は文字の名称のままに [エム・ゲ・ウー] です．

ところが США「アメリカ合衆国」ですと，[セ・シェ・アー] と発音され，文字の名称と異なっています（複数，不変化）．

発音は，子音ばかりのときは文字の名称のまま読むのが圧倒的多数ですが，ФРГ [フェ・エル・ゲー]「ドイツ連邦共和国」などの例外もあります．

また性や数は，これらの例ですと中核の名詞 университет「大学」，штаты「州」，республика「共和国」に合わせていますが，べつのケースもありま

す.

② вуз（вы́сшее уче́бное заведе́ние）や НЭП（но́вая экономи́ческая поли́тика）は，[vús], [nép] のように通常の語とおなじように発音し，性は略語の末尾の文字からして男性名詞であり，格変化もします.

③ ЦСКА（Центра́льный спорти́вный клуб А́рмии）の場合，Ц と С は文字の名称のまま読みます，つまり［ツェー・エス］ですが，後半の KA は合わせて［カー］と発音します．性は男性で，不変化です.

④ профко́м（профсою́зный комите́т）は，もとの語の先頭部分どうしを組み合わせたものです．性は男性で，格変化します.

⑤ ИМЛИ́（Институ́т мирово́й литерату́ры）．発音は通常の語のように [iml'í]となります．性は男性で，不変化です.

⑥ го̀скомите́т（госуда́рственный комите́т）．前半はもとの語の先頭部分，後半はもとの語の全体からなっています．性は男性で，格変化します.

⑦ ко̀мполка́（команди́р полка́）．語の前半はもとの語の先頭部分で，そのあとに別の語 полк「連隊」の格変化形態がきています．性は男性で，不変化です.

⑧ эсми́нец（эска́дренный миноно́сец）．前半部はもとの語の先頭部分，後半部はもとの語の先頭部分と最後部分からなっています．性は男性で，格変化します．このタイプはきわめてまれです.

ほかにもいくつか例をあげておきましょう.

РФ（Росси́йская Федера́ция）「ロシア連邦」[eréf]，女性，不変化

БАМ（Байка́ло-Аму́рская железнодоро́жная магистра́ль）「バム鉄道」, [bám],
　男性，不変化（ただし格変化させたり，女性名詞扱いしているケースもあり）

ООН（Организа́ция Объединённых На́ций）「国連」, [oón]，女性，不変化

ГАИ（Госуда́рственная автоинспе́кция）「交通警察」, [gaí]，女性，不変化

РАН（Росси́йская акаде́мия нау́к）「ロシア科学アカデミー」, [rán]，女性，
　不変化

7 ◈ 同音同綴り異義語:「世界」と「平和」

　初級で出てくる代表的な同音同綴り異義語は мир です.

　トルストイの『戦争と平和』とマヤコフスキーの『戦争と世界』は, 原題はいずれも «Война́ и мир» です.

　すなわち, мир は「平和」と「世界」という, とんでもない大きな意味をあわせもっています.

　ソ連時代の一時期には, 大通りなどに Ми́ру мир! というスローガンがよく掲げられていました.「世界に (与格) 平和を (対格)!」というわけです. 逆の語順で使われる場合もありましたが, 意味は変わりません.「格」という文法的カテゴリーが存在しているおかげです.

　мир は, ми́лый「いとしい, かわいい」と語根をおなじくしています.

　当初は「平静, 安静」を意味しており, また歌や諺では「共同体」を意味し, のちには「世界」全体を意味するようにもなりました.

　「平和」と「世界」が同一表記の語 мир で表記されるようになったのは 1918 年以降であって, それまでは前者は миръ, 後者は мiръ とつづられていました.

　けれども 1918 年の正書法改革で i その他いくつかの文字が廃止されました (また, すでに発音されなくなっていた語末の ъ も付けないことになりました).

　初級段階で出てくる同音同綴り異義語としては есть もあげられます.

　У меня́ есть маши́на.　私は車をもっています: 現在形「ある」

　Я хочу́ есть.　　　　　おなかがすきました: 不定形「食べる」

前者は ѥсть, 後者は ѣсть がもとの綴りです.

　また, 借用語が加わったために, брак「婚姻関係」(ロシア語) と брак

「欠陥製品」（ドイツ語 Brack から）といった，とんでもない同音同綴り異義語ができてしまいました．

　初級では出てきませんが，косá は「大鎌」と「お下げ髪」と「細長い浅瀬」という 3 語にわかれます．やっかいなことに，「大鎌」と「お下げ髪」は с косóй という表現でよく使われます．смерть с косóй「鎌をもった死神」，дéвушка с косóй「お下げ髪の娘さん」．もちろん，「鎌をもった娘さん」もありえるので，翻訳のさいには文脈や状況に要注意です．

　さらには，初級教材以外では ё という文字を用いず е と表記するのが一般的ですが，その場合，всё と все の区別が文字上は消えてしまいます．
　逆に，発音において同音異義になる例としては，вестú「導く」と везтú「乗り物で運ぶ」があげられます．

　ちなみに，同音同綴り異義語ではありませんが，発音の練習などに使える врач「医者」と врать「うそをつく」の区別があります．いずれも軟子音である ч [ʧ] と ть [t'] の区別です．
　スラヴ諸語のなかには，врач に相当する語が「まじない治療師，魔法使い」を意味していた言語があります．ロシア語の врач の語源も，「病気除けのまじないをする治療師」を意味していたとされています．「ことばで治す」，すなわち「話す，語る」という意味は，現代のロシア語の動詞 врать にも保たれています．プーシキンの『大尉の娘』には，まだ «Не всё то ври, что знáешь»「知ってることすべてをいうことはない」とあります．
　けれどものちになって，「うそをつく」が一番目の語義に転じました．
　語形成からすると，врач と врать は，ткач「織工」と ткать「織る」などの関係とおなじです．
　要するに，врач「医者」と врать「うそをつく」は，現代ロシア語ではなんら共通点はありませんが，歴史的にはしっかりとむすびついているわけです．

8 ◈ кóфе はなぜ男性

「コーヒー」はプーシキンの時代には，кóфе ではなく кóфей でした．ほ
かに，кáфе, кáфей, кофь, кáва, кóфа, кóхей, кóхвий, кóхвей, кóфий もあ
りました．もっとも多く使われていたのは кóфей と кóфий で，いずれも -й
でおわっている男性名詞です．

кóфе という形態で使われるようになっても，性は変わらず，男性名詞の
ままです．

口語では中性扱いのときもあります（гóрькое кóфе「にがいコーヒー」）．
20 世紀末から，規範辞書でも「口語では可」と記されています．そのうち
文体に関係なく中性名詞扱いされるかもしれません．

また，холо́дное марти́ни, холо́дный марти́ни「冷えたマティーニ」など
は中性，男性双方とも正しいとされる一方，ви́ски は中性とされています
（кре́пкое ви́ски「強いウィスキー」）．

éвро「ユーロ」は男性名詞です．辞書にそのように記されています．お
そらく，оди́н рубль「1 ルーブル」，оди́н до́ллар「1 ドル」などとの類推に
よるものでしょう．

しかも口語では éврик も使われ，ますますもって男性扱いです．とはい
え，одно́ éвро も「口語では可」と記している辞書もあります．

日本語からロシア語にはいった借用語は，一時期まではごくかぎられて
いましたが，最近はどんどんはいっているようです．いくつか例をあげて
みましょう．

иваси́《女性名詞》《不変化》「イワシ，とくにマイワシ」．早くからロシア
語にはいっている代表的な語のひとつ．ロシア語には -и でおわる名詞（単

数）は存在しないため，不変化で，女性です．（不変化の借用語の場合は類概念にあたる語，この場合は рыба「魚」の性に合わせます．不変化の都市名 Тóкио, Киóто なども гóрод「都市」の性に合わせて男性です．）

харакúри〖中性名詞〗《不変化》．самоубúйство「自殺」なので中性名詞

камикáдзе〖男性名詞〗《不変化》「神風特攻隊員，無謀なことをしでかす人」．лётчик「パイロット」ないし боевúк「戦闘機」の一種なので男性名詞

сáкура〖女性名詞〗，-a でおわる女性名詞とおなじ格変化

Я люблю́ сáкуру．　私は桜が好きです．

икебáна〖女性名詞〗「生け花，（生け花の要領でつくった）ブーケ」，-a でおわる女性名詞とおなじ格変化

мáнга〖女性名詞〗，-a でおわる女性名詞とおなじ格変化

сэнсэ́й〖男性名詞〗，-й でおわる男性名詞（活動名詞）とおなじ格変化

Онú клáняются сэнсэ́ю．　かれらは先生におじぎをしています．

айкидó〖中性名詞〗《不変化》，-o や -e でおわる借用語の多くは伝統的に中性名詞．あるいは боевóе искýсство「武術」が中性のせい？

каратé〖中性名詞〗《不変化》

сумó〖中性名詞〗《不変化》

сакé, сакэ́〖中性名詞〗《不変化》

áнимé〖中性名詞〗《不変化》，アクセントは 2 通りあり

васáби〖女性名詞〗《不変化》，травá「草」ないし припрáва「調味料」の一種なので女性名詞

сýши, сýси〖中性名詞〗《不変化》，блю́до「料理」の一種なので中性名詞

тамогóчи〖男性名詞〗《不変化》，цыплёнок「ひよこ」なので男性名詞

тóфу〖男性名詞〗《不変化》，сыр「チーズ」ないし творóг「カッテージチーズ」の一種なので男性名詞

9 ◈ 借用語の発音

ロシア語はもともと借用語に寛容なところがありますが，それにしても昨今の借用語の増加ぶりにはすさまじいものがあります．ここでは発音に関する一現象のみ見ておきましょう．

たとえば Интернéт です．

この単語の発音はすでにゆれています．当初は те は「テ」，не は「ネ」でした．［インテルネート internét］

最近では не がロシア語本来の発音「ニェ」に変わっているケースも見られます．やがては те も「チェ」のようになるかもしれません．［インチィルニェート int'irn'ét］

телефóн「電話」や телевúзор「テレビ（受像機）」の теле- も，当初は［テレ tele］と発音されていました．

Интернéт は，出だしの文字が小文字になっているケースも見られ，телефóн や телевúзор のように変化していくのかもしれません．

一方，тéннис「テニス」は変わることなく，いまも［テーニス tén'is］と発音されています．専門用語の場合は［テ］，［デ］のままのこっている傾向が見られます．тéннис などは，日常生活のなかにかなり浸透していますが，スポーツ用語ということでそのままのこっているのかもしれません（каратé「空手」なども［テ］のままです）．

一般に，借用語の扱いについては，世代や個々人によってもちがいが見られます．

いずれにせよ，「正しい発音」の規範を知るには，個人的経験を基準にしがちなサイト情報ではなく，（専門家が編纂した）辞書等にあたるしかあり

ません.

　最近のあるデータによりますと,「子音字＋e」という綴りであっても,硬子音として発音される代表的な例に以下のような語があります.

бизнес「ビジネス」, кафе́「カフェ, 喫茶店」, ме́неджер「経営管理者, マネージャー」, моде́ль「モデル」, оте́ль「ホテル」, те́зис「命題, テーゼ」, темп「速度, テンポ」

　ロシア語化して軟子音発音になっている代表例もあげておきましょう.

акаде́мия「アカデミー, 大学」, кларне́т「クラリネット」, ко́фе「コーヒー」, музе́й「博物館, 美術館」, Оде́сса「オデッサ」, серви́з「(食器・茶器の) 一セット」, те́рмин「術語」

　このように, кафé や те́зис は硬子音（[カフェー], [テージス]）, ко́фе や те́рмин は軟子音です（[コーフィエ], [チェールミン]）. 区別の基準が明確でありません.

　2通りの発音が「規範」になっている語もあります. （*軟子音のみとする辞書もあり）

бассе́йн「プール」, дека́н「学部長」, се́рвис*「サービス」, се́ссия*「定例会議, 試験期間」, терро́р*「テロ（行為）」, экспре́сс「特急」

　日本語からロシア語にはいった語では, икеба́на はロシア語化して軟子音で発音され（格変化もします）, caké は硬子音のままです. сэнсэ́й は綴りもэですから, ふつう, 硬子音発音であることを示しています.

　ここではもっぱら e の発音をとりあげましたが, アクセントのない o にも同様の現象が以前から見られます. ただしこの場合は боа́「熱帯の大蛇」, модера́то「モデラート」など少数の語を除き, 多くは o が弱化し a の発音に変化しています. いまでは поэ́т「詩人」は［パエート］, оте́ль「ホテル」は［アテーリ］と発音されます.

10 ◈ 借用語: 文字面での特徴

ある時期までのロシア語では a や э, ф が語頭にくる語は存在しないか, ごくまれでした. これらの文字ではじまる語でいまも中心になっているのは借用語です.

・母音字 a

もともとロシア語だった語のなかには, a ではじまる語はごくわずかしか存在しません. 名詞 áзбука「アルファベット」(ギリシア語の借用翻訳語) 以外では, 間投詞の ай, ах, агá ぐらいでしょうか.

ただし, 13 世紀にアーカニエ (アクセントのない o が a と発音される) の影響を受けて, 綴りも a ではじまるようになっている語も若干ありますが, いずれにせよ全体としてはさほど多くありません.

借用語のなかでいちばん多いのは名詞です. абзáц「パラグラフ」, áвгуст「八月」, алмáз「ダイヤモンド」, анекдóт「ひとくち話」, арбýз「すいか」

形容詞 аккурáтный「きちょうめんな」, аполити́чный「政治に無関心な」や, 動詞 аплоди́ровать「拍手する」も, かなりはいってきています.

さらには, 副詞 априóри「先験的に」, а-ля́「〜ふうに」, 間投詞 аллó「もしもし」などもあります.

・母音字 э

もともとロシア語に存在していたのは, 代名詞 э́тот「この」(17 世紀後半あたりから見られる. <э+тот), э́такий「このような」(<такóй), 間投詞 эй, эх 等で, ひじょうにかぎられています.

借用語の代表格は эгои́зм「利己主義」, экрáн「スクリーン」, элемéнт「要素」, э́ра「紀元」, этáж「階」です.

語中, 語末にもあらわれます. дуэ́ль「決闘」, алóэ「アロエ」

18 世紀初めからは，音 [e] をあらわすのに e とэが使われるようになりましたが，эはなかなか浸透しませんでした.

• 子音字 ф

間投詞 фу, уф, фи 等をべつにすれば，本来のロシア語には音 [f] 自体が存在しません（ある時期までは в [v] の無声化 [f] も生じませんでした）. Фёдор が民衆のあいだで Хвёдор と「転写」されているのも，[f] が存在していなかったことを示しています.

音 [f] は，当初はギリシア語からの借用語とともにロシア語にはいってきました. Фёдор, Филипп, Фома, фонарь「灯」，форма「形式」

いまでは語頭（фаза「段階」，факт「事実」），語中（кафе́「カフェ」，ка́федра「講座」），語末（гольф「ゴルフ」，граф「伯爵」）に見られます.

借用語特有の母音連続と子音連続も見ておきましょう.

• 母音連続

ある時期までのロシア語には，母音連続は形態素のつなぎ目に見られるくらいでした（заоблачный「雲の彼方の」，поочерёдно「順々に」）. いまでは ви́део「ビデオ」，клоун「道化師」，оазис「オアシス」など，かなりふえてきています.

• 子音連続

гз, кз（зигза́г「ジグザグ」，вокза́л「ターミナル駅」），нг（ло́зунг「スローガン」），штр（штрих「筆運び」），дж（дже́мпер「セーター」，джаз，「ジャズ」）のような子音連続がはいってきました. дж などは本来のロシア語では形態素のつなぎ目にのみあらわれます（поджа́рить「あぶる」）.

• 二重子音（ва́нна「浴槽」，грамма́тика「文法」）

借用語の二重子音の発音には確たる規則がありません. 母音にはさまれていて片方の母音にアクセントがきていれば二つとして発音とすることが多いとの説明があります（га́мма，「音階」，ка́сса「レジ」）. けれどもそうでない例もかなりあります（алле́я「並木道」，терро́р「テロル」）.

　ある評論家の文章を読んでいたとき，ドストエフスキー『罪と罰』の日本語訳で主人公ラスコリニコフの父称がロマーノヴィチだったりロマーヌイチだったりすることにこだわっている箇所がありました．けれどもどうやら，この方は父称特有の発音慣例を承知されていないように思えました．

　おおまかにいえば，通常のコミュニケーションでは縮まるほうがむしろ「規範」です．ただし，人によっては「なれなれしい」と感じることもあるそうです．文字どおり全部発音するのは，事務的手続きなどのような確認の場合です．もちろん，書くときは略しません．

　また，紹介や初見のときは完全な発音が好ましいとされています．

　縮小されるのが通常の父称の代表例をあげてみましょう．

Васи́лич（Васи́льевич），Анато́лич（Анато́лиевич），Григо́рич（Григо́рьевич），

Алексе́ич（Алексе́евич），Андре́ич（Андре́евич），Андре́вна（Андре́евна），

Серге́ич（Серге́евич），Серге́вна（Серге́евна），Никола́ич（Никола́евич），

Ива́ныч（Ива́нович），Ива́нна（Ива́новна），Анто́ныч（Анто́нович），

Анто́нна（Анто́новна）

　これらは，文字どおり発音すると，むしろ不自然にひびくそうです．

　ただそれと同時に，縮小されない父称もあります（文献によって異同があります）．

Алекса́ндровна，Анато́льевна，Бори́совна，Васи́льевна，Влади́мирович，

Григо́рьевна，И́горевич，Кири́лловна，Ви́кторовна，Оле́говна

（下線を引いたケースは別の説明もあり）

　ただし，父称の縮小は非ロシア語の名＋父称には広がっていません．Гу́го Бру́нович（Бру́ныч とはなりません）．

　また，父称を伴わず名のみのときは，名をはっきりと発音します．Михайл（Михал とはなりません），Алекса́ндр（Сан とはなりません）．

愛称も見ておきましょう．名によって愛称の数に差異が見られますが，男性の Алекса́ндр（あるいは女性 Алекса́ндра）は多くの愛称をもっている代表格のひとつです．少なく見積もっても20種類はあります．Алёкса, Алекса́ха, Алекса́ндрушка, Алекса́ша, Са́ша, Сашу́ра, Шу́ра, Алекса́ня, Са́ня, Сашо́ша, Саню́та, Сашо́ра, Саню́ха, А́ся, А́ля, А́лик, Лёкса, Лёкса, Лекса́ня, Лекса́ша, Шу́ренька, Шуру́ня…

名（および愛称）と父称の使われ方については，つぎのような表をあげている本があります．

名の形		前提としている距離
Екатери́на	正式な形	平均的（＋вы/ты）
Екатери́на Ива́новна	名＋父称	公的（＋вы，まれに ты）
Екатери́ночка Ива́новна	愛称＋父称	友人・おどけて（＋вы/ты）
Ка́тя	標準的な派生形	平均的・親しげ（＋вы/ты）
Катю́ша	愛称・子どもに向けて	親しげ（＋ты，まれに вы）
Ка́тенька	愛称	親しげ（＋ты，まれに вы）
Катю́шенька	感情の高ぶりを伴った愛称	とても親しげ（＋ты，まれに вы）
Катю́шечка	方言＝愛称．子どもに向けて	とても親しげ（＋ты，まれに вы）
Ка́тька	仲間・無遠慮	感情の高ぶりを伴い親しげ（＋ты）
Катю́ник / Катю́нчик	感情の高ぶりを伴った愛称．子どもに向けて	感情の高ぶりを伴い親しげ（＋ты）
Ива́новна	父称	親しげ，皮肉（＋ты）

Б.А. Успе́нский,
Поэ́тика компози́ции（1970）より

　人物 X が他の人物 Y と，ある第三者 Z について話していると仮定しよう．Z の姓は「イヴァノフ」で，名と父称は「ヴラジミル・ペトロヴィチ」としておくが，X はかれを通常——直接話し合っているとき——「ヴォロージャ」と呼んでいるのにたいして，Y は（Y と Z が話すとき）「ヴラジミル」と呼んでいる．Z 自身は，そのさい，自分自身を「ヴォーヴァ（たとえば，子どものときそう呼ばれていた）」と考えているかもしれない．

　Z に関する X と Y の会話では，X は Z を以下のように呼ぶ可能性がある．

　a　ヴォロージャ——この場合，X は自分自身の視点（X の視点）から Z について語っている．つまり，ここでは個人的なアプローチが生じている．

　b　ヴラジミル——この場合 X は他者の視点（Y の視点）から Z について語っている．つまり，Z は話し相手の視点を採用しているかのようである．

　c　ヴォーヴァ——この場合も X は他者の視点（Z 自身の視点）から Z について語っている．しかも，X も Y も，Z との直接の話し合いではこの言い方を用いない．

　d　さらには，X も Y も，Z を面と向かって愛称ヴォロージャか名ヴラジミルで呼んでいるにもかかわらず，X が Z をヴラジミル・ペトロヴィチと呼んで語ることもありうる．〔……〕この場合 X は，場所が固定していない抽象的な視点——（会話の参加者でも会話の対象でもない）局外の観察者の視点——に立っているかのようである．

　e　d のケース（当該の会話にたいして局外にいる抽象的な観察者の視点）がさらに強くあらわれるのは，X が Z を姓で呼ぶ場合（イヴァノフ）である．X も Y も Z と近い間柄にありうるのだが．

　これらすべてのケースは，ロシア語の使用のさいに現実に証明されている．

〔……〕

　たとえばドストエフスキーの『カラマーゾフの兄弟』では，さまざまな人びとがドミトリー・フョードロヴィチ・カラマーゾフをこう呼んでいる.

　a　ドミトリー・カラマーゾフ——たとえば，裁判所で検事がかれをこう呼び，かれ自身も自分のことをときおりそのように呼んでいる.

　b　ドミトリー兄さん，あるいはドミトリー・フョードロヴィチ兄さん——アリョーシャとイヴァンがかれをそう呼んでいる（かれと直接話しているときにも，第三者としてのかれについて話すときにも）.

　c　ミーチャ，ドミトリー——アリョーシャとイヴァン，父フョードル・カラマーゾフ，グルーシェニカ等がこう呼ぶ.

　d　ミーチェニカ——町の人の噂ではこう呼ばれる（たとえば神学生ラキーチンの話や，裁判所での人びと間の会話）.

　e　ドミトリー・フョードロヴィチ——これは，とくに誰か具体的な人物の遠近観に関係しない中立的な呼び名で，無人称的呼び名といえよう.

　このさい，作者は，その語りのなかで（直接作者の言葉で）Д・Ф・カラマーゾフをこれらすべての名で（おそらく最後のケースを除いて）呼ぶことができる. いいかえれば，主人公の行為を描きながら，作者は自分の位置を変え，あれこれの人物の視点を利用することができる. 注目すべきは，作品の冒頭では（また，ひじょうにしばしば新しい章の始まりでは）作者が主人公をもっぱらドミトリー・フョードロヴィチと名指し，客観的な観察者の視点に立とうとしているかのように見えることである. 読者が主人公と十分に知りあってはじめて（すなわち，Д・Ф・カラマーゾフが読者に紹介されたのち），作者は主人公のことをミーチャとして話すことができると考えている.

（ボリス・ウスペンスキイ『構成の詩学』川崎浹・大石雅彦訳，法政大学出版局，1986 年より引用. 訳は一部変更）

　以上のような呼び方の切り替えは，ニュアンスを日本語で伝えることが難しいため，文学作品の日本語訳では原文に忠実に訳しわけてはいません.

13 ◈ 有標，無標

　たとえば，不完了体はこれこれの内容をあらわすのにたいして，完了体はこれこれの内容をあらわすといったように，ペアや対立をなしている二つの項のそれぞれが積極的な「意味」をもっているとする，説明の仕方があります．初級段階ではそれが便利なことも多いのですが，そうではなく，片方がある意味を積極的にあらわすのにたいして，もう片方はあらわすこともあるが，あらわさないこともあるという，説明の仕方もあります．

　たとえば，完了体過去は「～してしまった」ということを積極的にあらわすときに用いられるのにたいして，不完了体過去は「～していた」ときだけでなく「～してしまった」ときにも用いられると説明します．

Вчерá я смотрéла фильм.　　昨日私は映画を見ました．

Вчерá я посмотрéла фильм.　昨日私は映画を見ました．

後者は「映画を見た」という一回の行為があったことを積極的に示しており，その結果どのような感想をもったかもいおうとしているかもしれないのにたいして，前者はなにをしていたかにたいして「映画を見る」という行為をしていたという事実だけを伝えています．ただし，前者の場合も「映画を通しで見た」可能性が大です．見終えたかどうかを積極的に伝えていないだけです．

　こうした関係を，「有標」「無標」という用語で説明することができます．この例でいえば，完了体が「有標」ということになります．

　ちなみに，смотрéть「見る」，вúдеть「見る」，слýшать「聞く」，слы́шать「聞く」，есть「食べる」，пить「飲む」，обéдать「昼食をとる」，зáвтракать「朝食をとる」，ýжинать「夕食をとる」などは，不完了体ですが，過去形で用いられたとき，結果が出ていることを示していることがよくあります．

читáть「読む」や писáть「書く」にもそのような傾向があります．

　また，初級の早い段階で студéнт と студéнтка が出てきますが，これも当初はとりあえず「男子学生」「女子学生」とおぼえれば十分です．けれども，Сейчáс в э́той кóмнате студéнты. といったときには，男子学生だけがいるとはかぎりません．性差の表現にこだわらないときは студéнт の複数形がよく使われるからです．もちろん，女子学生もいるということを明示したければ студéнтка の単数形や複数形もそえておくことになりますが，そうしたケースのほうがまれかもしれません．要するに，студéнт は，男子学生であることだけでなく，性差に関係なく学生一般であることも示せるのにたいして，студéнтка は「有標」で，女子学生にしか使えないのです．

　さらには，人びとの身近にいた動物は雄と雌のそれぞれをあらわす語をもっているものが多いのですが（犬，猫，牛，馬，山羊，その他），多くは雌が「無標」になっています．

　Ктó э́то?　　これはなんという動物ですか？

　(Э́то) собáка.　犬です．（雄犬は пёс）

　人間の場合は男性名詞のほうが「無標」になっていることが多く，たとえば учи́тель-учи́тельница「教師」のように，男性，女性それぞれの名詞があり，両者ともひろく使われている名詞でも，公式文書などの職業欄では男女にかかわらず男性名詞 учи́тель を使っています．

　詩人のアフマトヴァやツヴェタエヴァが，поэтéсса といわれるのを嫌い，自分は поэ́т であると主張していたことは，よく知られています．

　男女それぞれに名詞があっても男性名詞ですます傾向は一時期強まる傾向にありましたが，はたして最近はどうでしょうか．口語や俗語では女性をあらわす名詞がかなり使われているようです．раздевáльщица「クローク係」，руси́чка「ロシア語教師」，продю́ссерша「プロデューサー」…

14 ◈ учи́ться

初級では「学ぶ」という意味の語がいくつか出てきます。それらの使い分けを確認しておきましょう。

• учи́ться と занима́ться

いずれの語も「〜で」といった場所の表現とともに使うことがあり，その場合はつぎのように区別されます。

教育機関の生徒・学生であることを示すときには учи́ться を用います。

Я учу́сь в университе́те А.

　私は A 大学の学生です。（= Я студе́нт / студе́нтка университе́та А.）

授業や予習などがおこなわれている場所を示すときは занима́ться を用います。

Мы занима́емся в ра́зных аудито́риях. 　私たちはいろいろな教室で学んで
　います。（勉強したり聴講したりしている）

Уча́щиеся ку́рсов англи́йского языка́ занима́ются в э́той шко́ле.

　英語講座の学習者はこの学校で学んでいます。（授業は学校の建物内で
おこなわれている。講座は学校の建物を借用している）

知識や専門を身につけようとしていることをあらわすときは，учи́ться を用います。

Она́ всю жизнь учи́лась. 　彼女は生涯学んでいました。

Она́ у́чится на перево́дческом факульте́те. 　彼女は通訳・翻訳学部で学ん
　でいます（通訳・翻訳者という職業に就こうとしている）。

「大いに勉強する」などの意味では занима́ться が用いられます。

Он мно́го занима́ется. 　かれはよく勉強しています。

（Он хорошо́ у́чится. 　かれは成績がいいです）

そのほか，занима́ться は補助的な知識の獲得過程も示します。（法学部の

学生だが，専門文献を読めるようにと夜間に英語学校に通っている……）

• изуча́ть と занима́ться

Он изуча́ет тво́рчество Толсто́го.

Он занима́ется тво́рчеством Толсто́го.

両文とも「かれはトルストイの創作を研究しています」と訳せますが，前者はトルストイの創作を学問的研究の対象にしているのにたいして，後者は研究的性質の有無はさておきトルストイの創作に関心をいだいていることをあらわしています．

ただし，研究者どうしが専門がなにかを説明するときには занима́ться がよく使われます：Я занима́юсь исто́рией Росси́и.「私の専門はロシア史です」

• изуча́ть と учи́ть

「知識を獲得」という意味では双方とも使えます．かならず対格の補語を伴います．

両者の使い分けが典型的にあらわれるのは，「〜を学んでいます」というときに，高校までは учи́ть，大学では изуча́ть を用いるケースです．

В шко́ле я учи́л исто́рию.　学校で私は歴史を学びました．

В аспиранту́ре я изуча́л математи́ческую ло́гику.

　大学院で私は数理論理学を学びました．

すなわち，изуча́ть には「研究する，深い知識を獲得する」，учи́ть には「…の授業を受ける，おぼえる」といったニュアンスが伴っています．

ロシアで出ているロシア語学習書などを使用する場合，「ロシア語を学ぶ」という表現でどちらの動詞が使われているかに注意してみてください．

ちなみに「ロシア語を学ぶ」は учи́ться ру́сскому языку́ という表現も使われていましたが，あまり使われなくなってきています．

1日の区分けの表現は，ロシア語，日本語，英語のあいだでかなり異なります．ロシア語の場合（完全に意見が一致しているわけではありませんが），フセヴォロドヴァはつぎのように記しています．「ロシア人は сутки を以下の4つに区分しています．утро（日の出から10〜11時まで），день（10〜11時から日没まで），вечер（日没から22〜23時まで），ночь（22〜23時から日の出まで）」．

ただし時刻を示す場合には，「これらの名詞の区分けはさらに厳密であり，たとえば вечер は5〜6時から（5 часов вечера），утро は4〜5時から（4 часа утра，5 часов утра）はじまり，実際の日没や日の出の時間と無関係である」とのことです．午後4時に дня と вечера のいずれを付けるかは，主観的な要素もはいります．

これにしたがうならば，英語の two o'clock in the morning にたいして，ロシア語では два часа ночи（日本語も「夜（中）の2時」）が対応することになります．英語の morning は，夜明けから正午（ないし11時ごろ）までを指すこともありますが，公式には，0時から正午までの12時間を指します．late morning「10時半から11時半（ないし正午前）まで」であらわされる時刻には，ロシア語 утро や日本語「朝」はふつう使われないでしょう．

вечер と ночь の関係も，evening と night の関係に一致していません．Сегодня вечером мы идём в кино．「今晩われわれは映画館にいきます」は，英語なら tonight を使うことができます．

なお，日本語の「おはよう」，「こんにちは」等の用法は，たんに時間の問題にかぎられるわけではけっしてありません．たとえば，親にたいして「おはよう」は自然ですが，仕事に出ていて昼に帰宅した親にたいして「こんにちは」というのは不自然です．

ロシアの文化・歴史関係を中心に国立ロシア語研究所が語彙を収録した 700 ページにも及ぶ大辞典です（2007 年発行）．外国語としてロシア語を学習・教育する人向けの記述になっています．初級・中級段階で使いこなすのはまだむずかしいのすが，いずれ出くわす可能性が高い語（結合）がほとんどです．人名，地名，作品名も多いのですが，それ以外の項目を可能なかぎり列挙してみましょう．

ба́ба-яга́「ヤガー婆さん」，балала́йка「バラライカ」，ба́ня「（ロシア式）サウナ，バーニャ」，бе́лые но́чи「白夜」，берёза「シラカバ」，блин「ブリヌイ」，богоро́дица「生神女」，Большо́й теа́тр「ボリショイ劇場」，борщ「ボルシチ」，брусни́ка「コケモモ」

ва́ленки「防寒ブーツ」，ва́нька-вста́нька「起き上がりこぼし」，ва́режки「ミトン」，варе́нье「ロシアジャム」，василёк「ヤグルマギク」，весна́「春」，ви́шня「サクラ亜属」，во́дка「ウオッカ」，

гармо́нь「ガルモニ」，гжель「グジェリ焼き」，горо́х「エンドウ属」，гречи́ха「ソバ」грибы́「キノコ」，гу́сли「グースリ」

да́ча「ダーチャ」，дед моро́з「マロースじいさん」，день рожде́ния「誕生日」，дере́вня「村」，доро́га「道」，дуб「オーク」

ёлка(ель)「トウヒ」，ёлка「ヨールカ祭り」；жура́вль「ツル」

заку́ска「前菜，軽食」，за́яц「ウサギ」，земляни́ка「オランダイチゴ属」，зима́「冬」，Зи́мний дворе́ц「冬宮」，змея́「ヘビ」

ива́н-да-ма́рия「サンシキスミレ」，Ива́нушка-дурачо́к「馬鹿のイヴァン」，изба́「農家」，ико́на「イコン」，икра́「水生動物の卵，イクラ」，имени́ны「名の日」，интеллиге́нция「インテリゲンツィヤ」

каза́к「コサック」，кали́на「ガマズミ属の灌木」，капу́ста「キャベツ」，карто́шка「ジャガイモ」，ка́ша「粥」，кварти́ра「マンション」，квас「クワス」，кири́ллица「キリル文字」，кисе́ль「キセーリ」

169

15 ◈ 弱化母音（出没母音）

　古ロシア語（10世紀から14世紀後半）のある時期までは，現在は硬音記号となっているъと軟音記号になっているьは，弱い母音をあらわしていました：сънъ（сон「眠り，夢」），дьнь（день「日」），вълкъ（волк「おおかみ」）

　やがて12世紀から13世紀初めにかけて，強い位置ではъは [o] に，ьは [e] に変化する一方，弱い位置ではъもьも消滅しました.

　「強い位置」とは，1）アクセントがきている位置（дъску → дéску），2）弱い位置のъ, ьを伴う音節の前（отьць → отéц），3）子音間で р [r] ないし л [l] と隣接している位置です（кръвь → кровь）.

　また，語末ではъ, ьはつねに弱い位置でした. すなわち消滅しました.

　こうした変化の結果，それまでは名詞などに存在していなかった1音節語が大量に出現します：сон「眠り，夢」，дом「建物，家」，кот「猫」

　また，（語末の弱化母音の消滅により）語末の子音の無声化という現象が生じます：морóз「マロース」，дуб「オーク」，здорóв「健康な」

　さらには，（語尾だった弱化母音の消滅により）ゼロ語尾の語があらわれます：сънъ → сон [són]，дьнь → день [d'én']

　これらの語の生格はсъна, дьняだったため，弱い位置のъ, ьは消滅し，сна, дняと変わりました.

　　主格 отьць - 生格 отьца → 主格 отéц「父」- 生格 отцá

　　主格 ръть - 生格 ръта → 主格 рот「口」- 生格 рта

　かくして，面倒な「出没母音」の登場とあいなるわけです.

　① лоб「額」，день，песóк「砂」，ложь「嘘」，сон などと，② дом，год「年」，стол「机」，нос「鼻」，конь「馬」，свет「光」，дéло「こと」，стенá「壁」などをくらべると，①では生格以下でもとは弱化母音だったoやeが消えるのにたいして（лба, дня...），もともとoやeであった母音からなる②の場合はそれらが消えません（дóма, гóда...）. ただし，もとは弱化母音

でなかったはずなのにоやеが消える場合もあります．一般に言語は，音声学的な規則だけでなく，「類推」によっても変化していきます．

たとえば，アメリカ大陸発見よりあとに生じたであろうамерика́нец「アメリカ人」という語の生格がамерика́нцаとなっているのは，形態論的な面での類推によるものです（младе́нец「幼児」の生格はмладе́нца）．япо́нец「日本人」の生格がяпо́нцаとなるもの同様でしょう．

потоло́к「天井」やлёд「氷」も，もとは弱化母音ъ，ьでないにもかかわらず，①のように変化しますが（потолка́, льда），これもまたкусо́к – куска́「一切れ」タイプとの類推によるものです．

形容詞短語尾男性形にのみあらわれる出没母音のеやоも，もとは弱化母音ъ，ьです：страшьнъ → стра́шен　恐ろしい

弱い位置（語末）のъ，ьを伴う音節の前は強い位置のため，еに変わったのです．

前述のように，語末の弱化母音がなくなったために子音の無声化が生じただけでなく，弱い母音ъ, ьが消滅したために子音連続が生じたことによる有声化や無声化も起こります：лавъка → ла́вка　小さな店

さらには，発音がむずかしい子音連続も生じます．сълнце → со́лнце「太陽」，сьрдьце → се́рдце「心臓」，праздьникъ → пра́здник「祝日」，поздьно → по́здно「遅く」などのように，それまでは存在しなかった3子音連続が生じ，発音が省略されるケースが起りました．

綴りと発音が異なるのは，耳からロシア語を学んでいく母語使用者にはやっかいです．по́здноを発音に合わせてдをはぶいてしまいпо́зноなどと綴らないように，教育現場ではたとえば動詞опозда́ть「遅れる」と関連付けたりしているようです．

このようにして，今日では音価をもたず，ただの記号に成り下がっているとはいえ，ъとьがロシア語の変化に及ぼした影響力には計り知れないものがあります．

事項索引

著者紹介
桑野　隆（くわの・たかし）
　元早稲田大学教授。ロシア文化・思想専攻。

　主要著書：『初級ロシア語20課』、『《新版》はじめてのロシア語』
（白水社）、『未完のポリフォニー』（未來社）、『ボリス・ゴドゥノフ』
（ありな書房）、『危機の時代のポリフォニー』（水声社）、『増補
バフチン』（平凡社ライブラリー）、『20世紀ロシア思想史』（岩波
現代全書）ほか多数。
　主要訳書：バフチン『マルクス主義と言語哲学　改訳版』（未來
社）、バフチン『ドストエフスキーの創作の問題』（平凡社ライブ
ラリー）、『ヤコブソン・セレクション』（共訳、平凡社ライブラ
リー）、オリガ・ブレニナ゠ペトロヴァ『文化空間のなかのサーカス』
（白水社）、アンナ・ラーツィス『赤いナデシコ』（水声社）ほか
多数。

もっと知りたいロシア語　初級から広げ深掘りする

2021年10月 5 日	印刷
2021年10月25日	発行

著　者 © 桑　　野　　　　隆
装　幀　　折原カズヒロ
発行者　　及　川　直　志
印刷所　　研究社印刷株式会社

101-0052 東京都千代田区神田小川町3の24
発行所　電話 03-3291-7811(営業部), 7821(編集部)　株式会社　白水社
www.hakusuisha.co.jp
乱丁・落丁本は送料小社負担にてお取り替えいたします。

振替 00190-5-33228　　　Printed in Japan　　　加瀬製本

ISBN978-4-560-08917-0